EL ARMÓNICO

Mi Historia de una Forma Viviente

DR. ALEXANDRA PORTER, PH.D

Copyright © 2025 by Dr. Alexandra Porter, PH.D.

ISBN 978-1-961358-57-7 (softcover)
ISBN 978-1-961358-61-4 (hardcover)

All rights reserved. No part of this book may be reproduced or transmitted in any form or by any means, electronic or mechanical, including photocopying, recording, or by any information storage and retrieval system without express written permission from the author, except in the case of brief quotations embodied in critical reviews and certain other noncommercial uses permitted by copyright law.

Printed in the United States of America.

TABLA DE CONTENIDO

Prefacio v
Reconocimientos vii
Introducción 1

1. La Unión De La Energía Divina.....................................5
2. Ley De Conciencia De Grupo 14
3. El Extraño, Una Voz, El Proceso....................................28
4. La Familia El Armónico 38
5. El Estanque De Agua 55
6. Yo Y El Poder De El Armónico.....................................64
7. "Mi" Olvida De Que "Nosotros" Somos 73
8. Juraría Haber Escuchado A Los Pájaros Llorar..............81
9. Energía Universal 97
10. La Esencia Divina Siempre Ilumina En La Oscuridad 114
11. El Vehículo Del Ego 152
12 Los Narcisos Verdes 167

Sobre el Autor 183
Bibliografía..187

PREFACIO

Mi madre dijo una vez que en este mundo, la espiritualidad era "rutinaria" para aquellos que dedicaban sus vidas a su práctica. Ella misma era muy espiritual. Su definición de rutina la incluía en su descripción de la espiritualidad. Sus facultades espirituales de visión y audición estaban muy bien cultivadas y dominadas. A través de estas capacidades su vida cotidiana era una tarea habitual. Ella tenía medios para viajar desde el mundo físico a cualquiera de los otros, con la misma facilidad con la que uno realizaba una tarea frecuente, como cepillarse los dientes o tomar un baño. En sus palabras decía que, en la práctica de la espiritualidad, los mismos fenómenos se experimentan una y otra vez; así, la espiritualidad era una tarea rutinaria.

En ese entonces, las palabras de mi madre no eran claras para mí, pero he experimentado los fenómenos de visiones oníricas frecuentemente desde que tenía menos de cinco años, y puedo atestiguar la palabra "rutina" por su reiterado empleo.

En esta vida terrenal, mi madre tenía facultades espirituales como la clarividencia de visión y audición. Ella fue el modelo espiritual que me permitió experimentar lo que otros no podían ver.

Este es un libro cuya historia está dedicada al recuerdo de mi madre, Paulina G. Cabezudo, una vida humana que amé.

RECONOCIMIENTOS

Mi intención al escribir este libro es transmitir mi más profunda gratitud a todos los que amaron mis narraciones y pidieron otro libro. Es un gran privilegio presentar estos relatos, cálidos y espiritualmente curativos, a todos los que buscan ser sanados.

Estoy agradecida de todas las personas que hicieron realidad este libro. Entre ellos están mis padres, por ser mis modelos espirituales -en particular mi madre - por ser uno de los ejemplos que me otorgó un amor sin ningún límite.
Mis hijos: Jarred, cuya lucha interior desencadenó mi propia búsqueda espiritual; Andrew, por su silencioso amor y aliento; y Tracie, por su apoyo amoroso siempre presente.

Agradezco a las familias de mis hijos, por su buena voluntad para no juzgar las realidades invisibles de la vida. También estoy agradecida por su sensibilidad hacia los conceptos e ideas que son diferentes a los suyos. Mi familia actual, por ver mi luz y dejarla brillar, y por todo su apoyo, luz y amor a lo largo de los años.

A través de toda esta experiencia humana, soy agradecida de mis amigos, por ser lo que yo quería que ellos fueran. En particular a mis queridos amigos ya fallecidos:

- ❖ Honey Chodan, que fue mi mejor amiga desde la secundaria y compartimos los momentos más importantes de nuestras vidas, hasta su muerte por cáncer de mama.
- ❖ Diane Yankelovitz, que editó todo mi material de investigación en salud y servicios social, cada libro que escribí y todas las conferencias y charlas que presenté; compartimos los principios espirituales de este libro hasta su muerte.
- ❖ Eric Joubert, otro querido amigo, que disfrutaba leyendo mis conferencias y material escrito; con sus facultades espirituales de la clarividencia de visión y sentido, él continuó desafiándome hasta el final de su viaje terrestre.

Los extraño mucho; que sigan descansando en paz profunda.

Por esta versión, estoy muy agradecida a Miguel Holguín por la traducción del material de este libro, del inglés al español; así como también extiendo mi gratitud a El Armónico por el privilegio de expresarme con mi Alma Espiritual.

INTRODUCCIÓN

"Sólo podemos decir que estamos vivos en aquellos momentos cuando nuestros corazones son conscientes de nuestros tesoros"

—Thornton Wilder

Ningún hombre puede existir sin un creador. En el mundo físico, tal denominación corresponde a nuestros padres. Ellos son a quienes llamamos nuestros progenitores. En la niñez los reconocemos como nuestros primeros tesoros. Entonces llega un momento cuando comenzamos a crecer y miramos más profundamente en tal concepto. Espero que el lector encuentre tesoros a lo largo de la lectura de este libro.

Este libro es mi concepto de una forma invisible y sin forma que ha sido mi constante compañía. El Armónico es mi historia - la historia de una mujer que está en sintonía con tal sustancia - y cuyas visiones idílicas son su forma de comunicación. Los conceptos de este libro son nuevos y corresponden a áreas inexploradas de curación, obtenidos en mi práctica por muchos años. Quiero compartir mis visiones con usted deseando que ellas le muestren un punto de vista diferente. Para ilustrar mejor los métodos de comunicación que tengo con la fuerza invisible que llamo El Armónico, le daré a conocer variadas y significativas experiencias de vida. Anhelo que la estructura y patrones de este libro enriquezcan su perspectiva de la vida que lleva.

Cuando una vida humana busca la iluminación, una fuerza invisible convierte a la persona en una parte interior de la totalidad. Todo este libro, en cierto modo, es para comprender dicha forma viviente y su energía. Tener conciencia de nuestra propia evolución, en un nivel específico de comprensión es, en algunos casos, el real suceso de la vida, porque en la conciencia cada uno está completando la fase evolutiva de ese evento particular. En esta revelación, el nivel individual de comprensión difiere de una persona a otra. De hecho, comprender las experiencias de nuestra propia vida cotidiana, es la clave para tal energía y un primer paso de la persona hacia la iluminación.

Algunas veces, una persona tiene un descubrimiento iluminador y es consciente de El Armónico según su nivel de comprensión. El propósito de la iluminación es impulsar nuestra evolución del alma. Los eventos son aquellos encuentros pasajeros que encontramos a lo largo de nuestras vidas diarias. De hecho, realmente creo que la vida misma es un tiempo de experiencias anímicas en la que cada alma tiene distintas fases del ser.

En cualquier experiencia iluminadora que nos lleve a otra dimensión, estamos respondiendo en realidad a un acontecimiento y a una energía que tiene las características de El Armónico. En esta dimensión, a medida que avanzamos en la unión, descubrimos que llegamos a ser uno. Para mí, cada tiempo de vida, parece ser un punto en el continuum espacio-tiempo de un alma, y cada punto es un aspecto de vida que el alma está viviendo. En esta creencia, los puntos se viven para experimentar el ámbito físico de cada aspecto.

Tal convicción incluye también un número específico de almas con sus múltiples puntos en el mismo continuum espacio-tiempo. Los puntos son vidas humanas de un alma en las cuales una persona puede darse cuenta de que cada vida humana tiene un potencial para descubrir El Armónico. Además, la capacidad de tener experiencias físicas es una elevada meta del alma.

Mientras pensaba en escribir este libro, percibí en mi mente su portada y los detalles de cada capítulo. Un sentimiento extraño revoloteaba en mis pensamientos, como si el libro ya hubiera sido escrito. Al mismo tiempo sentí que las experiencias de otro ser estaban contenidas en el mismo, junto con la inusual sensación de que el otro ser y yo éramos uno. Cuando mi emoción se hizo más fuerte, comencé a escribir. Y en este estado inspirado, escribí... y escribí... y escribí. Era como si hubiera memorizado las palabras de un libro que ya había escrito. Espero que esta obra proporcione luz en su vida, como lo ha hecho con la mía.

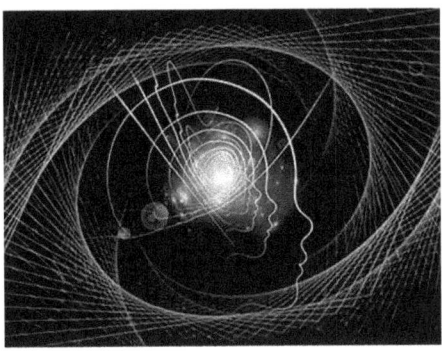

1.
La Unión De La Energía Divina

"¿Cómo podrían las gotas de agua saber que son un río? Y sin embargo, el río sigue fluyendo"

—Antoine de St. Exupéry

Para empezar esta historia, tendré que narrar el día en que aprendí a meditar. Ese día, mi mundo fue roto en pedazos y más tarde retornó a su lugar de siempre. En el proceso, aquellas cosas que me eran queridas se derrumbaron frente a mí, y nunca más fui la misma. Ese día, yo estaba destinada a obtener la nueva y desarrollada conciencia que siguió.

Tenía catorce años cuando aprendí a meditar. La razón por la que quería aprender fue porque pensé que me daría la oportunidad de encontrar lo que estaba reservado para mi futuro. Tenía la impresión de que, en un estado meditativo, iba a ver todos los detalles de la vida que estaba destinada a tener. También sentía que, al conocer mi futuro, podría alcanzar mis metas de una manera más precisa. Junto con mi futuro, quería estar segura de que iba a ser feliz por el resto de mi vida. Mi necesidad de ver el futuro se debía al desasosiego que sentía en relación al rumbo profesional y de estudios. Creía que al aprender a meditar, mi destino ya no sería un misterio para mí.

Mi necesidad de descubrir lo que había venido a realizar en este mundo fue una forma de pensamiento errónea. Dentro de mí existía un sistema de creencias que validaba mis formas de pensamientos erróneas. Aunque yo no era consciente de su existencia, las formas de pensamientos de tal sistema controlaban mi vida y la forma en que me comportaba en la vida. Ese día, descubrí que la meditación no requería un esfuerzo consciente para mí y que yo ya estaba entrenada para meditar. El día que aprendí a meditar fue el último en el cual, todo aquello que consideraba puro y sagrado, fue validado por mi erróneo sistema de creencias, un sistema que controlaba la forma en que yo me conducía hacia la vida. En mi sistema de creencias, meditar significaba que uno podía salir del cuerpo, y viajar por el espacio en busca de una vida apropiada, que en realidad fuese la vida futura de uno. En esa creencia, la forma de pensamiento errónea que surgió ese día, fue bastante interesante.

Cuando me senté a meditar ese día, vi luces saltando como resortes. Eran brillantes y cada una tenía su propia cualidad distintiva. Parecían pequeñas estrellas titilando sobre un fondo de oscuridad. Las luces parecían parpadear en forma rítmica y bien organizada. Era casi como si cada una estuviera realizando una obra diferente pero en el mismo escenario. Después de lo que parecieron ser horas, oí una voz decir, "Esto es todo", y todas las luces desaparecieron. La voz era suave, melódica, baja como un susurro, y parecía venir de una joven. Durante los siguientes momentos, no vi nada, y me pregunté si tenía que hacer algo para alcanzar mi meta. Rápidamente recorrí los pasos de meditación que me habían sido dados hasta completarlos. Permanecí sentada durante varios minutos más y, como todavía estaba en la oscuridad, deduje que el trabajo de meditación no había producido los resultados esperados.

Mientras estaba sentada en esa "nada", sentí que mi cuerpo comenzaba a girar sobre su eje. Parecía girar hacia la derecha y, al mismo tiempo, vibrar al unísono con un fuerte tirón magnético hacia arriba. En ese momento, oí un sonido que me susurraba: "Tú estás ahí", y mis ojos se abrieron como si me hubiera despertado de un sueño. Esta voz era idéntica a la primera y sonaba casi como si la hubiera pronunciado la misma joven.

Cuando le conté a mi madre sobre mi experiencia, ella asintió con la cabeza y dijo: "¡Bien!" Después de contarle a varios de mis amigos sobre la experiencia, cada uno dijo lo mismo: "¡Bien!". Queriendo sentirme "bien" comencé a formular definiciones de lo que había experimentado. Sin embargo, mi nivel de comprensión era muy limitado, y simplemente no entendía lo que significaba la palabra "bueno".

Un año más tarde, después de varias experiencias similares, conocí a una mujer que me explicó el verdadero propósito de la meditación. Dijo que "en la meditación, una persona quiere estar en "universalidad" con su prototipo universal." Una vez más, la explicación fue muy profunda para mí. Sin embargo, esta vez supe que cualquier otra explicación me sería inútil, así que simplemente le di las gracias.

En los años que siguieron, me di cuenta de que cada vez que meditaba, tenía un efecto manifiesto en mi vida, y continué practicándola. Cada vez que meditaba, me sentía en paz conmigo misma y con los que me rodeaban. A medida que pasaron los años, se me hizo evidente que cada vez que meditaba, me sentía más consciente de mi cuerpo y de mi entorno. En cada meditación, el proceso que utilizaba se convertía en un hábito que yo disfrutaba profundamente. Mi vida física era cada vez más fácil de entender, y mi vida espiritual parecía mezclarse con ella. Yo comencé a sentirme en paz conmigo misma en todo momento, y otros empezaron a notarlo.

Un día, durante una meditación, sentí algo vibrando a mi alrededor que no podía ver. Cuando pregunté en mi meditación: "¿Qué fue esa vibración?", la respuesta fue: "¡Eres tú!". Como no comprendí la respuesta, según yo, la pregunta no había sido contestada. Mi pregunta era específica, y esperaba una respuesta específica. Aguardé en silencio, esperando que de alguna forma llegará una respuesta, pero todo lo que escuché fue el sonido de la vibración. Reflexionando sobre la experiencia, me di cuenta de que la vibración era una materia sin forma que parecía tener las cualidades de otra forma de vida. Sentí que la vibración era su voz. La sustancia que sentía a mí alrededor tenía masa, peso y una presencia distinta que sentía dentro y alrededor de mí. Debido a sus cualidades, tenía que estar vivo, pero tenía que ser algo más que yo. Esta fue la única explicación plausible que tuve en ese momento.

Con el paso de los años, escuché muchas explicaciones y variadas de ellas profundas. Los pensamientos que había creado eran en algunos casos impecables; a veces parecían responder a todas mis preguntas, y en otras ocasiones me despertaban una profunda perplejidad que me hacía buscar más. Sin embargo, no creía que en este universo hubiera formas de vida aparte de la mía. Por lo tanto, era incapaz de relacionarme con una forma de vida invisible que siempre estaba dentro y alrededor de mí.

Muchos años más tarde, durante mi práctica de curación celestial, entendí lo que la mujer quería decir cuando dijo que "en la meditación una persona quiere estar en la "universalidad" con su prototipo universal." En aquel tiempo, había comenzado a practicar la curación espiritual en mi casa, y un día, un paciente me dijo que él creía que yo le estaba masajeando su estómago con fuerza y profundidad. La sensación que él tenía era tranquilizadora, fuerte y curativa del dolor que tenía en su estómago. Con los ojos cerrados, dijo que sentía una de mis manos dentro de su estómago. Con una ulterior evaluación, se dio cuenta de que la mano que sentía en su estómago era dos veces más grande que la mía. Entonces abrió los ojos para ver lo que yo estaba haciendo y vio que estaba sentada en una silla con los ojos cerrados. Mis manos descansaban sobre mi regazo y parecía estar en silencio rezando y mis manos no le tocaban. Cuando me contó su experiencia, me dijo que había imaginado mi mano dentro de su estómago. Como no pude darle una explicación de su experiencia, guardé silencio.

Esta historia reapareció varios años más tarde, un jueves durante el mes de septiembre. En ese entonces estaba trabajando como enfermera en una escuela de gramática. Había comenzado un nuevo año escolar y mis deberes como enfermera escolar habían cambiado. Ese año iba a estar más involucrada con los reglamentos estatales y la vacunación de los estudiantes con tales leyes. Cuando me preparé para iniciar una clínica de vacunación, la revisión de documentos se hizo casi insoportable. Ese jueves, había llegado a mi punto de saturación y, una vez más, me volví consciente de la vibración, sin forma e invisible, dentro y alrededor de mí.

Cuando salí de mi oficina esa tarde, estaba mentalmente agotada y físicamente exhausta. Me sentía como si el día hubiera sido totalmente desperdiciado con actividades absurdas, y pensaba en todo el trabajo que todavía tenía que hacer con el fin de iniciar una clínica de vacunación en mi escuela. Camino a mi casa, me detuve para visitar a un amigo que estaba enfermo y comprar alimentos para la cena. Durante ese tiempo pude concentrarme en algo más que en el proyecto de vacunación, y mi cuerpo físico me preparó para lo que estaba por venir.

Cuando llegué a casa, eran las siete y treinta y cinco de la tarde, y mi marido había preparado la cena. Los niños ya habían comido y estaban trabajando en sus proyectos escolares para el día siguiente. Después de cambiarme de ropa, me serví la cena y noté que una tranquila vibración estaba presente alrededor y dentro de mí. Mientras comía, los pensamientos de la clínica de vacunación desaparecieron. Sabía que estaba ingiriendo alimentos, pero la actividad de comer la sentía distante de mi mente. Durante ese tiempo, en aquella actividad física, todo lo que sentía era la "nada", que a menudo encontraba en mis meditaciones.

Mientras estaba sentada en esa "nada", sentí que mi cuerpo comenzaba a girar sobre su eje. En ese momento, deje de comer y mi conciencia despierta se trasladó a la "nada" de mi alrededor. Me parecía que estaba girando a la derecha y, al mismo tiempo, vibrando al unísono con un fuerte tirón magnético hacia arriba. Entonces supe que estaba en un estado meditativo y reconocí que, en este estado, había paz.

Esa "nada" me llevó a un lugar donde pude escuchar el sonido de música dentro de mi cabeza. Mientras buscaba la fuente del sonido, la música parecía no venir de ningún lado. Algo estaba creando una melodía que había escuchado antes, y los instrumentos también me eran familiares.

En los momentos que siguieron, oí la música y pude identificar cada uno de los instrumentos que tocaban y las palabras también. La música y sus palabras eran cantadas por la misma voz que había escuchado en la primera meditación cuando tenía catorce años. Cuando la música se detuvo, oí una voz que susurraba: "¡Tú estás ahí!"

Una vez más, me quedé sola en la oscura "nada" de color plateado, con el tranquilo sonido del silencio. La música se había detenido, pero las palabras "¡Tú estás ahí!" continuaron resonando en mis oídos. En la "nada" me di cuenta de que era de la misma voz que había oído cantar. Entonces mis ojos poco a poco se abrieron como si hubiera despertado de un sueño.

Al revisar mi entorno me di cuenta de que estaba sentada en la mesa y que mi comida se había enfriado. Me sentía satisfecha aún cuando las tres cuartas partes de la comida estaban en el plato. Parecía que mi estómago se hubiese comido todo lo del plato. Había sido un largo día y, sintiéndome revitalizada por una energía desconocida, decidí lavar los platos a mano. En los siguientes minutos, mientras lavaba los platos, me preguntaba cómo pudo ocurrir toda esa experiencia. Y de esta manera, con la melodía en mi mente y con los ojos abiertos, seguía escuchando las palabras que se habían cantado.

Varias semanas más tarde, me senté en el piano e intenté reconstruir lo que había oído en mi cabeza, ese día inolvidable de la cena en la mesa. Para mi sorpresa, la melodía y las palabras seguían vivas en mi mente. Aunque no disponía de mucho, pude tocar cada nota en el piano y registrar tanto la melodía como las palabras en una partitura. El siguiente fragmento musical corresponde a la imagen simbólica que permaneció en mi mente.

El recuerdo de esa experiencia y el conocimiento obtenido de la misma continúan siendo parte de mis ejemplos de enseñanza hoy en día.

Este capítulo y sus mensajes, son una manera de explicar cómo pude relacionarme con una vida invisible y sin forma que siempre estaba dentro y en torno mío. En esta historia, doy un ejemplo que ilustra mejor el valor de la meditación y su testimonio de que permite participar en la "universalidad" con su prototipo universal. Con el término prototipo, me refiero a ese cuerpo invisible cuya vida estamos viviendo. También significa que ese cuerpo vive, independientemente de si lo vemos o no. En esta línea de razonamiento, los cuerpos invisibles nunca interfieren o detienen el proceso de cualquier cosa que elijamos hacer; aún así, siempre están presentes y viviendo en sus respectivas dimensiones tal como ocurre con las cosas visibles.

El valor de la meditación, tal como se presenta aquí, es permitir que se produzca una "universalidad" entre un meditador y el prototipo universal del individuo. En este proceso, dicho prototipo se une con la persona que está meditando. Esta definición incluye el concepto de que un individuo tiene múltiples cuerpos, visibles e invisibles, que residen en el mismo punto del continuum espacio-tiempo. También incluye en el término "universalidad" la unión de un ser con su fuente original.

En nuestra temprana historia occidental, los chamanes fueron los primeros en reconocer que la conciencia humana era parte de una conciencia más grande. El instrumento del chamán para alcanzar la realidad interior es un estado alterado de conciencia, y en sus meditaciones el foco era puesto en dichos estados. Los filósofos nos dicen que nuestra conciencia del alma vive dentro, pero los métodos que se dan para alcanzarla son caminos de años de aislamiento. Sin embargo, la investigación del autor, acerca de la literatura, muestra que en nuestra cultura occidental, la conciencia no se entiende de esta manera.

La conciencia no cambia en ningún estado alterado; sin embargo, la materia que compone esa conciencia está en un espacio donde las moléculas forman un cuerpo vivo. Este espacio está en el continuum del tiempo y está disponible para toda conciencia humana. Lo que uno siente como un estado alterado de conciencia es el proceso de reorganización de las moléculas. La conciencia del alma es la que parecerá estar adentro. Durante el tiempo en que los estados alterados de conciencia están en progreso, el individuo experimentará su propio nivel de conciencia y este singular acontecimiento continuará desarrollándose.
Para responder a las preguntas de si la conciencia tiene niveles y si existe una conciencia superior, uno tiene que reconocer que la conciencia misma tiene niveles de percepción y que dichos niveles son parte de nuestro concepto de crecimiento lineal. En realidad, sólo hay una conciencia que se experimenta por el nivel de conciencia de cada individuo. Es esta conciencia lo que la gente llama conciencia superior; un término usado por aquellos cuya percepción personal es la de un ser inferior.

A medida que la mente se separa del cuerpo físico, puede concentrarse en otro cuerpo. Para que esto ocurra, la mente debe estar en el mismo punto del continuum espacio-tiempo en el que reside el otro cuerpo. Lo mismo ocurre cuando meditamos. En la meditación la unión ocurre cuando se está perfectamente alineado con todos los cuerpos en un punto del continuum espacio-tiempo. Cuando los cuerpos se alinean en dicho punto y la mente se separa, el resultado inevitable es la "universalidad". Además, para comprender mejor este concepto, es enormemente ventajoso haber experimentado los diferentes niveles de estados de conciencia a través del arte de la meditación.

Me di cuenta de que yo y un ser informe e invisible éramos uno, en la medida que yo volvía a revivir ese punto en mi espacio-tiempo. El Armónico es un concepto de "universalidad" en el que existe una relación muy estrecha con una macro esfera, invisible y sin forma. La aceptación de este fenómeno, junto con algunos ejemplos, se encuentra en las explicaciones que doy en este libro. Retrospectivamente, he experimentado este fenómeno muchas veces, y también parece ocurrir en la vida de otros. Tiene las cualidades de otro ser que está observando mientras yo experimento su vida. De hecho, esto se convirtió en la base de la curación que practico. En otras palabras, tengo una unión consciente con El Armónico mientras curo las personas con las que entro en contacto. Esa "universalidad" fue la principal razón para conducir los estudios de investigación que me llevaron a escribir este libro.

2.

Ley De Conciencia De Grupo

"Todas las verdades son fáciles de entender una vez que se descubren; el punto es descubrirlos"

—Galileo Galilei

Durante los siguientes años, estuve meditando de la misma manera que cuando tenía catorce años. La hora del día era siempre la misma y en el mismo lugar: en mi casa, los jueves. El propósito de este ritual era unirme con mentes semejantes y conducir mi propio servicio de curación celestial como un auxiliar invisible, y así contribuir al bienestar de nuestro universo. Las meditaciones siempre fueron realizadas del mismo modo; sin embargo, un jueves, previo a mi meditación, pensé en una nueva e interesante forma. Y mientras me preparaba para meditar ese día, decidí implementarla; fue una meditación que resultó ser la experiencia más gloriosa de mi vida.

En esa oportunidad en especial, en lugar de meditar en la "nada" plateada, a la cual estaba acostumbrada, pensé en iniciarla creando mentalmente una habitación junto a la orilla del mar. Mi intención original era liberar cualquier tensión adquirida durante el día. En mi habitual espacio de meditación, comencé a imaginarme que estaba en un cuarto en la playa, y que mi tensión flotaba entre las cálidas olas del océano. Cuando mi cuerpo comenzó a relajarse, tuve la visión de mí misma en la que tenía la forma de una campana. Estaba intentando crear una forma de pensamiento de una pequeña sala junto al mar, lo que conseguí, pero al mismo tiempo establecí una hermosa relación con la conciencia de una campana.

Cuando pienso en ese punto continuo en el espacio, así como las experiencias de ése jueves, puedo sentir la campana y ver cómo llegó a ser viva. La pequeña recámara a la orilla del mar era exactamente lo que quería crear en mi mente. ¡Fue una réplica perfecta! Todos mis proyectos y anhelos fueron perfeccionados. Cada célula de mi cuerpo me dijo que estaba en el lugar divino correcto. En tal sentido, mi forma de pensamiento era perfecta y completa. Para decir lo menos, la creación de un pequeño cuarto junto a la costa había sido un éxito.

Una vez creada la habitación en mi mente, busqué el mejor lugar para comenzar la meditación. En el centro de la sala había una mecedora de madera, cuidadosamente puesta sobre una alfombra blanca crochet. Al frente de la mecedora, había una ventana amplia y panorámica, sin cortinas ni vidrios. A su izquierda, había una campana grande de bronce brillante en la pared. Cuando me concentré en ella, sentí algo extraño. La campana tomaba vida cada vez que me sintonizaba con la mente de ella. La ventana parecía ser la entrada principal de la habitación. Ya que sólo había un lugar para sentarse, lo hice en la mecedora de madera y comencé a meditar. Mientras estaba sentada en la mecedora, empecé a explorar el entorno desde tal punto de vista. Directamente, frente a mí, podía ver la playa. Era tarde ya y el clima parecía cálido. Desde el interior del cuarto, podía sentir la humedad del mar. Y mientras escuchaba atentamente, noté que el ruido de la marea - en la apacible playa - se oía dentro de la habitación. El sonido del mar resonó en su interior, creando un perfecto canto gregoriano de meditación. También podía oír el agua salpicando contra la roca en frente de la pequeña estancia. Tuve la sensación de que iba a disfrutar de mi meditación en este lugar.

Cuando empecé a sentir el sonido del silencio dentro de mí, experimenté una profunda impresión de paz. En medio de ella tuve conciencia de la campana. En lo que parecía ser una profunda meditación, sentí como si estuviera dentro de la campana. Y a lo largo de su curvatura percibí la frescura húmeda del aire de la tarde. Esta fue la primera experiencia, y sabía que la campana experimentaba lo mismo. Ese día, mi mente y la mente de la campana, se entrelazaron en una conversación divina. Tenía la certeza de que, ese jueves, nuestro diálogo era un compromiso, cuyo recuerdo permanecerá conmigo a lo largo de los años. Durante el tiempo que permanecí en la conciencia de la campana, no recuerdo haber perdido la capacidad de concentrarme en mi propia conciencia. La diferencia más notable fue su disposición a compartir su espacio y la tremenda cantidad de colaboración que proporcionó a la conciencia de la campana. Ella se sentía como una observadora y una intérprete de las distintas imágenes simbólicas que se presentaban a la visión. Sin embargo, yo también era consciente de que la conciencia de la campana estaba compartiendo y ocupando su espacio.

Mientras me encontraba en este estado, algo me avisó que, en la experiencia de la campana, había un mensaje para mí. En su contenido residía la seguridad de que la decisión para curarme era mía. Asombrada, me pregunté si un cuerpo que está en el plano físico, podía responder a una curación celestial realizada en otro plano. Mi respuesta inmediata fue un enfático 'Sí'. En otras palabras, esto significaba que aquellos pacientes que estaban siendo atendidos por nuestros auxiliares invisibles, recibían la curación celestial en el plano espiritual. Pienso que, junto con mostrarme que un aspecto de mí mismo necesitaba ser curado, la experiencia de la campana también me hizo cuestionar el cambio psíquico que sentía dentro de mí. La experiencia desencadenó un acorde resonante dentro de mí. Por alguna rara razón, sentí que era importante entender la relación entre la campana y yo. En ella resonaba un acorde que me decía cuando yo había entrado en el plano que ocupaba. Su magnífico tañido era su voz.

Además de unirme y convertirse en uno con la campana, pude estar en completa alineación con su mente invisible y sin forma. Entonces, cuando la campana ya no fue parte de mi conciencia, la meditación terminó como si la campana hubiese vivido realmente. Después de esa primera meditación, en la pequeña habitación a orillas del mar, formulé las siguientes preguntas:

- ❖ ¿Dónde estuvo mi conciencia durante el tiempo en que yo fui la campana?
- ❖ ¿Por qué la campana estaba junto a la ventana?
- ❖ ¿Cuándo se formó esta campana en mi mente?
- ❖ ¿Tiene la materia de la campana las mismas cualidades y dimensiones de la materia viva?
- ❖ ¿Cuál era la razón para saber que la campana estaba viva?

Las respuestas a estas preguntas se encuentran en este capítulo, junto con la vida que yo llevaba. También abordan las creencias erróneas que tenía entonces y que estaban en conflicto con la teoría de la ley de la verdad. En esta ley, la verdad se define como la sabiduría más alta o la respuesta completa a cualquier asunto dado. Esta definición toma en cuenta:

- Las verdades que se encuentran en nuestro biocomputador,
- Nuestras formas de pensamiento,
- El sistema de creencias completo de un individuo,
- Nuestros niveles de conciencia, y finalmente,
- Nuestras imágenes simbólicas.

Lo que propongo para la primera pregunta - ¿Dónde estaba mi conciencia durante el tiempo en que yo fui la campana? - puede ser difícil de entender. A fin de responderla, presentaré un cuidadoso análisis. Mi propuesta se basa en la teoría de que, toda creencia errónea, tiene una respectiva verdad errónea. Cuando la pregunta se comprende según la teoría de la ley de la verdad, la experiencia de la campana tiene un sentido más penetrante, delicado y quizás sutil. Por lo tanto, para responder a la pregunta "¿Dónde estuvo mi conciencia durante el tiempo que yo fui la campana?", puedo decir que, cuando mi conciencia se centró en las cualidades vivientes de la campana, me percibí fuertemente a mí misma. En mi punto espacial, la campana y yo estuvimos unidas. Durante ese espacio meditativo, la campana sonó cuando estuve en completa alineación con su mente invisible y sin forma. Y también noté que toda vez que fui consciente de mi mente, podía ver la campana. Ambas compartíamos ese punto en el espacio. Durante esos breves momentos, la campana y yo estuvimos encerrados en una única conciencia.

La pregunta, "¿Por qué se encontraba la campana junto a la ventana?", tiene muchas respuestas, todas las cuales considero válidas. Para preservar la fluidez del pensamiento, elegiré una respuesta que muestre cómo aplicaba, incorrectamente, la ley de la verdad. Presentaré una que, creo, es el fundamento de dicha ley. Según ella, toda creencia errónea tiene una verdad homóloga. En mi caso, la verdad equivalente es que toda la materia está viva; con tal pensamiento en mente, respondamos a la pregunta planteada. En el cuarto, creado con mi mente ese jueves, la ventana panorámica representaba la única entrada a otro nivel de mi mente consciente. Era la única entrada a la nutritiva cámara de mis niveles internos de la verdad. Si toda la materia está viva, entonces todo estaba vivo en dicho lugar.

También podemos decir que la ventana era el sitio más lógico para la campana. Bueno, fue allí donde, después de ingresar a la pequeña habitación de la playa, penetré en los niveles interiores de mi verdad y donde aconteció la unión de nuestras mentes. Al aparecer la campana dentro de la sala, debe entenderse que este es un aspecto de uno mismo que necesita ser sanado. Ese nivel de mi mente consciente revelaba que, en mi vida, estaba haciendo un uso erróneo de una de las leyes de la naturaleza. Esta respuesta es una consecuencia de la teoría de la ley de la verdad. Se incluye aquí con la esperanza de que arroje luz sobre su propia vida, así como sobre sus creencias erróneas.

En la respuesta a la siguiente pregunta - ¿Cuándo se formó esta campana en mi mente? - es otra parte de la teoría de la ley de la verdad. Si yo crease una campana en mi mente, entonces serían claros sus detalles. La pequeña habitación junto a la orilla del mar, que intentaba crear, era, en esencia, un lugar para estar a solas con la conciencia de un ser superior. Su diseño fue lo que consideré esencial para una buena meditación. Una campana sería algo que eliminaría porque no cumpliría una función normal en ese cuarto. En cierto modo, la campana serviría sólo como decoración, sin vida, para la habitación. Dado que la campana no tenía sentido en tal lugar, infiero que la campana no fue creada por mi mente.

Si lo anterior es cierto, entonces, ¿quién o dónde se formó la campana? Creo que la idea de una campana ya estaba en ese nivel de mi mente consciente. Este pensamiento se explica fácilmente con la teoría de la ley de la verdad. En la campana existía una conciencia, la que yo percibí con pensamientos y creencias distintos a los míos. En el fondo de mi ser, algo me aconsejaba permanecer más tiempo con ella. Cada vez que me alineé completamente con la conciencia de la campana, ésta sonó tres veces. Entonces, con su conciencia pude ver los mitos psíquicos de mi propia conciencia. De hecho, en la conciencia de la campana, podía percibir que mi propia materia era claramente distinta de la campana.

En el nivel de conciencia que tengo, la pregunta: "¿Tiene la sustancia de la campana las mismas cualidades y dimensiones de la materia viva?", no es fácil de explicar. Para responderla, hago otra pregunta: "¿Cuáles son las cualidades y dimensiones de la sustancia viviente?". Se puede responder de dos maneras:

- En primer lugar, puedo describir cada atributo y dimensión de la materia viviente y compararla con los de la campana. Sin embargo, si las comparo, no incluiré la sustancia de la campana.
- Una segunda forma de responder es describir la apariencia general de la materia viva. En tal caso, incluiré la materia de la campana. Añadiré aquí que, responder a esta pregunta de esta última manera, no será simple. Pienso que la formulación de ideas, para todo ser humano, no puede elevarse por encima de las cosas que él conoce; por lo tanto, esta pregunta no es simple de responder. En consecuencia, dejo esto al lector, y su formulación de ideas al respecto.

La última pregunta - ¿Cuál era la razón para saber que la campana estaba viva? - puede ser una clave para la formulación de las ideas del lector. La respuesta depende de si considera que toda la materia está viva. Para mí, es la formulación más progresiva de ideas en mi mente. En mi sistema de creencias, acepté como verdad un pensamiento erróneo. Esta experiencia me demostró que la sustancia de la campana y la mía eran iguales. Como pienso que yo estoy viva, la experiencia de ser uno con la campana fue la demostración de que la campana también estaba viva. Para mí, la respuesta a esta pregunta, proporcionó la verdad respecto de mi creencia errónea, como también la curación de una dolencia de mí ser. La verdad era que el tipo de materia que se encontraba en la campana era del mismo tipo que yo tenía, y como yo soy materia animada, la campana también lo es.

En mi sistema de creencias tenía dos categorías de materia: animada e inanimada. En esta creencia, cada categoría pertenecía a una clase propia. Consideraba que la materia animada tenía una mente consciente, no así los objetos inanimados. También suponía imposible la transferencia de pensamientos entre ambas categorías. Por último, al juzgar que no podía comunicarme con la materia inanimada, ésta era incapaz de pensar y, por lo tanto, no tenía ningún atributo de vida.

No era la única con este convencimiento. Las formas de pensamiento responsables de mis creencias me fueron enseñadas en la escuela primaria. Ahí, temprano en la vida, aprendimos a separar la materia de esta manera. Todo el mundo sabe que los objetos inanimados son cosas que se ven, pero que no tienen vida. En la escuela, estudiamos la estructura molecular de las cosas inanimadas, pero no se nos enseña ningún programa para comunicarse con ellas. Según el conocimiento que nos ha sido entregado, construimos nuestro comportamiento hacia los objetos inanimados y respondemos de acuerdo a tal fundamento. Esta experiencia me demostró que sólo existe una categoría de materia, y que toda materia vive y respira como yo.

La ley de la verdad dice, básicamente, que el proceso y el sistema de verdad completa funciona y está presente en todo momento, en cada situación dada. Para comprender esta ley en su totalidad, debemos ser conscientes de los niveles de conciencia que son posibles en un individuo.

El individuo que percibe su propio nivel de conciencia también puede experimentar su propia verdad.

En nuestra conciencia humana hay un biocomputador incorporado que programa cada espacio en el tiempo. En el banco de imágenes simbólicas, que se encuentran dentro de él, están los elementos de nuestras formas de pensamiento. Para el biocomputador, una forma de pensamiento humano tiene que ajustarse a las creencias, las que son consideradas como verdades. En esta teoría, el biocomputador funciona según nuestro nivel de conciencia y nuestro sistema de creencias. Cuando nuestra verdad se basa en un punto de vista, la validez de las formas de pensamiento, en nuestro biocomputador, también se apoyarán en dicho punto de referencia.

Por lo tanto, la verdad de ese punto de vista, y todo lo que se basa en él, siempre será digno de la verdad para ese individuo. De esta manera, en cualquier nivel de conciencia, nuestras formas de pensamiento son corroboradas por aquellas verdades almacenadas en nuestro biocomputador. Sin embargo hay un engaño, que tal vez puede extraviarnos, y es que esas formas de pensamiento pueden conducirnos al punto de validar los pensamientos erróneos con nuestras verdades erróneas.

Otro aspecto importante es el principio o el camino que se está llevando en la vida. Este principio, y su teoría, serán discutidos brevemente aquí pues contiene una gran cantidad de relaciones y pensamientos complejos. Para esta discusión, es importante saber que, un principio en la vida, puede definirse como un grupo de formas de pensamiento que impulsa a un individuo a un curso de acción inexplicable. Estas formas de pensamiento contienen toda la misión de la vida de uno. En esta misión se encuentran las imágenes simbólicas y las verdades que deben ser alcanzadas por las personas. Ellas también sirven como guía para el sistema de creencias del individuo, y para las ideas que la persona acepta como verdad.

En mi práctica de curación espiritual, he encontrado que cuando los cuerpos de mis pacientes no están alineados con su principio de vida, el resultado siempre es un sentimiento de estar "fuera de tono" con sus vidas.

En esta emoción de descontento, el paciente se convierte en víctima de un sistema cerrado que se niega a abrirse a nuevas posibilidades. Al mismo tiempo, su ciclo de retroalimentación - que se valida a sí mismo - se convierte en una razón para dichos sentimientos. También he visto que, una vez que el principio de vida de la persona se descubre y se entiende, la vida de la persona adquiere un aspecto diferente, y al hacerlo, se convierte en un viajero consciente a lo largo de un camino cuidadosamente elegido.

En mi búsqueda, descubrí que el camino de cada paciente fue responsable de cada aparente accidente y/o incidente beneficioso en sus vidas. De esto, deduzco que el camino de uno en la vida, es el centro y el propósito de vivir. Este es el aspecto de mi teoría que ha sido el más difícil de entender por mis pacientes, pero ha sido el más tangible en mi propia historia.

Al interior de esta teoría está el concepto de que los sistemas de creencias tienen una influencia directa en la forma en que uno experimenta el universo. El sistema de creencias propio es desarrollado por las variadas ideas que se absorben a lo largo de los años formativos. Las ideas más convincentes permanecerán para certificar nuestro sistema de creencias y, obviamente, terminan siendo parte de nuestras verdades. Durante la existencia, las verdades validadas se convierten en el sistema de creencias del individuo. Sean correctas o no estas verdades, es nuestra responsabilidad responder a las señales físicas y psicológicas, basándonos en la validez que tienen en ese momento.

En mi propio sistema de creencias, el universo y las percepciones que se tienen de él, se experimentan a través de los sentidos del cuerpo físico. Un buen ejemplo de esto es la enfermedad y el "rol del enfermo" que desempeña cada individuo. Cuando la persona cree que está enferma, la respuesta es aceptar los síntomas de la enfermedad junto con su "papel de enfermo". La creencia en la enfermedad, básicamente, dice que el cuerpo físico es capaz de enfermarse. Esta creencia admite una forma de responder a una enfermedad específica, y a un tipo de conducta, en sintonía con el "rol del enfermo".

También pienso que, como el individuo cree en la enfermedad, todos los sucesos conflictivos, a medida que ocurren, se realizan en alguna parte del cuerpo físico. Por lo tanto, en cada parte del cuerpo físico, debe existir una serie de imágenes simbólicas que explican su enfermedad. Al mismo tiempo, éstas influyen en el individuo para creer en la enfermedad y en su "rol de enfermo". En resumen, considero que todo esto es una propuesta, aparentemente sin compromiso, que influye directamente en el individuo sobre cómo puede experimentar el universo. Así, en esencia, nuestros sistemas de creencias se fundamentan en lo que el individuo ha formulado para sí mismo.

En este universo, muchas son nuestras leyes de vida; algunas se explican en este libro. Entre estas encontramos las verdades subyacentes a nuestras formas de vida. Nos encaminan a un nivel de comprensión donde nuestras vidas tienen un propósito definido y un significado determinado, para cada ser en este universo. Es casi como si las leyes fueran primordiales para cada forma de vida. Ellas ponen el cimiento de lo que se convierte en nuestro sistema terrenal de creencias, así como nuestros mitos psíquicos. A través de nuestras leyes de vida las creencias de una persona tienen un efecto sobre su mundo físico y determinan su estado de bienestar psicológico y/o físico.

Experimentar las leyes de la vida, y sus pensamientos invisibles, es el punto medular para nuestro viaje. Cuando comprendemos la naturaleza de una ley en la vida que llevamos, nuestra conciencia cambia y, al hacerlo, consigue cambiar también nuestro sistema de creencias. Además, lo mismo ocurre con el estado psicológico y/o físico de bienestar de la persona. En los acontecimientos cotidianos de nuestra vida diaria, encontramos el material para interpretar cada ley. Dado que estas leyes son percibidas por el individuo en su nivel de conciencia, en su comprensión, hay un cambio en cómo responde a la vida.

Según la capacidad de cada persona, las leyes que son de naturaleza espiritual tienen como base un método para validar las cosas que conocemos, y en la medida que nuestra conciencia esté desarrollada, también lo estará nuestro nivel de comprensión. Cada ley corresponde a la naturaleza espiritual, o al orden de importancia, de nuestro Espíritu

Alma y se encuentra a nuestra disposición, tanto como sea necesario, durante nuestra vida diaria normal. Las leyes de la vida que se encuentran en este libro son las que la autora ha comprendido y experimentado personalmente. Tales leyes espirituales son ejemplos del papel clave que desempeñaron en mi vida. La forma viviente invisible me mostró cómo entender estas leyes fundamentales en la vida que estaba llevando y, finalmente, se convirtió en mi fuente de fuerza espiritual.

Se cree que los místicos poseen conocimientos que son conocidos sólo por su religión. Esta creencia pone de manifiesto que hay seres humanos que no poseen el grado de fuerza interior del místico. Con tal pensar, un místico - que detenta todo el conocimiento - sería el único ser con la fuerza interior. Dicha creencia se opone a otra ley esencial que no discrimina entre los seres humanos. Esta ley es la existencia de una fuerza dentro de cada uno y en cada uno de nosotros, una fuerza divina y universal que pertenece a todos nosotros.

Existen más creencias que operan en nosotros de forma similar. Una de ellas es la creencia en los niveles de enfermedades. Puede presentarse en: la creencia de que una alergia producida por alimentos se convertirá en un esófago canceroso, la creencia de que algunas personas pueden ser más sanas que otras, y la creencia de que una enfermedad emocional puede conducir a una úlcera estomacal.

Las tres creencias mencionadas se oponen a una ley y pueden ser cambiadas. Esto es cierto para cualquier mito psíquico que podamos encontrar a lo largo de nuestras vidas. Cuando nuestros pensamientos erróneos son validados por nuestras verdades erróneas, entonces nuestro sistema de creencias también se revalida erróneamente. Esta es una de las razones por las que las personas se comportan de la manera que lo hacen. El individuo que está validando sus pensamientos erróneos siempre tiene la impresión de que la otra persona está equivocada. Creo que la mayoría de las personas se preocupan genuinamente por los demás. En sus mentes, sienten que han sido modestas, honestas, razonables y cariñosas. A menudo sienten que su comportamiento es correcto y no ven ninguna razón para cambiar. Una vez que sus creencias erróneas se entienden y cambian, el individuo se convierte en otra persona, y respondiendo de esta manera, comenzamos a ver todas las cualidades que profesan tener. En esencia, si Ud. quiere cambiar la disonancia de la vida que está llevando, primero debe ver cómo Ud. ha puesto en movimiento a las personas, las situaciones y/o las condiciones.

Cuando el yo toma conciencia de su personalidad y responde a un aspecto herido de sí mismo, la conciencia, pienso, puede cambiar el yo; sin embargo, la simple conciencia es simplemente un recordatorio de que todos nuestros cuerpos no están en perfecta armonía. El cambio se logra cuando los cuerpos se colocan en perfecta alineación entre sí. Esta creencia define la personalidad como la entidad que reside dentro del yo. En la mente de la persona que responde a la conciencia, existe una comprensión consciente que resulta en un cambio de comportamiento que otras personas pueden ver. La mente consciente es la misma y genera el mismo cambio en cada uno de nosotros. Sin embargo, la interpretación de la conciencia difiere según nuestro nivel de comprensión y la vida que llevamos. La interpretación nunca es errónea cuando somos conscientes de los acontecimientos de nuestra vida, y al final de nuestro viaje, recordando la experiencia, la persona es bendecida.

En cualquier elevación de la humanidad, hay un subterfugio basado en formas de pensamiento definidas. Junto con esto, también hay un cambio en la conciencia que enciende el autoanálisis en el individuo. El punto de partida para estudiar nuestras experiencias es ese cambio en la conciencia. A medida que avanzamos en este autoanálisis, cada contacto con otra persona se convertirá en otra confirmación de la experiencia. Cualquier experiencia que desafíe nuestra conciencia puede literalmente originar un cambio en nuestro comportamiento. Y tal cambio tendrá a su vez una transformación física en la persona. Cuando esto ocurre, pienso que nuestros principios son estimulados por la experiencia, y simultáneamente, nosotros y nuestras vidas también serán parte de un cambio. Si la experiencia es única, habrá una respuesta concreta relacionada con ella. Cuando la respuesta va por encima de lo que conscientemente conocemos, o más allá de nuestro sistema de creencias, traerá un desafío de acuerdo con el movimiento de nuestras expectativas. En tal caso, cuando la experiencia insinuante responde según nuestras ideas, la personalidad ha sido curada. Porque esto es verdad, entonces el cuerpo físico también será sanado, en su respectivo plano de existencia.

Uno de los mejores ejemplos que se pueden dar aquí es la experiencia de odiar a otra persona. Para estudiar esta experiencia, debemos primeramente llevar a cabo un cambio en la conciencia relacionada con nuestras creencias fundamentales. En este ejemplo, es la persona que odiamos la que estimula el trémulo odio dentro de nosotros. Si respondemos a la chispa del odio, ignorando a la persona, entonces otros llegarán con el mismo sentimiento, y esto demuestra que el odio está en nosotros.

Por otro lado, si nos enfrentamos a la emoción de ese tembloroso sentimiento de odio y llevamos a cabo un autoanálisis, esa experiencia producirá un cambio en nuestra conciencia. Para entender el odio, en el caso subsiguiente, primero hay que sentirlo, y en esa conciencia, se tendrá un cambio físico concurrente. El cambio que ocurre en nuestro comportamiento (personalidad) comienza en nuestras mentes.

A medida que amamos el cambio de comportamiento, empezamos a sentir menos odio a nosotros mismos y también comenzamos a amar a la persona que odiamos. Cuando nos sentimos amados por los demás, el cambio de comportamiento será confirmado por las personas que entran en nuestras vidas. El cambio también es evidente a través de nuevas perspectivas que mostramos hacia la persona que odiamos. Comprender que este odio puede existir dentro de nosotros es elevarnos a nosotros mismos.

El individuo que sigue este proceso está siempre cambiando su personalidad y, de esta manera, sanando aquellos aspectos que parecen causar aversión en otras personas: aquellos aspectos de sí mismo que no le gustan a los demás.
Cuando cambiamos la forma en que pensamos, se remueve una nube oscura, y como por magia, una luz se enciende. El nuevo cambio tiene un efecto en nuestras vidas, y nos convertimos en el producto de dicho cambio. En la experiencia de la campana, el "yo" - que yo conocía de mí - se transformó en uno con la conciencia de la campana. El sentimiento

me llevó a un sentido de conciencia sin forma y al mundo interior de la campana. En esta forma invisible, algo dentro de mí me estaba mostrando lo que se sentía ser una campana. Me estaba mostrando que la campana tenía sentimientos propios.

La experiencia que tuve con la campana estaba relacionada con la ley de la conciencia grupal y la ley de la verdad. En mis creencias erróneas, estaba viviendo en oposición a estas leyes. La experiencia de la campana fue una manera, para mí, para comprender cómo estaba haciendo mal uso de ambas leyes. En mi mente, todas las formas de vida de la materia eran diferentes y esa creencia errónea estaba relacionada con una verdad errónea. Con el fin de dominar el camino con el cual trabajaba, también tenía que dominar la ley de la verdad.

En esta meditación, descubrí una forma diferente de entrar en un estado alterado de conciencia. La experiencia de ser algo inanimado y distinto de "yo" fue extraña, pero plena de humildad. Después de entrar en la pequeña habitación imaginaria junto a la orilla del mar y alinearme con la conciencia de la campana, la campana sonó tres veces. Así aprendí, en forma de campana, que todo está vivo. Yo creía que los seres humanos no podían comunicarse con objetos inanimados, y esta experiencia me mostró que mi creencia estaba equivocada. En el cuerpo de la campana, el "yo" que conocía de mí, se sentía como si tuviese una "experiencia de campana", pero en realidad, estaba experimentando una visión, y al mismo tiempo, viajando en la forma invisible de una campana.

En la experiencia de la campana, un pensamiento erróneo cambió en mi mente, y al hacerlo, se me dio la oportunidad de curar aquellos aspectos de mí misma que no estaban de acuerdo con la ley de la verdad. Para mí, esta ha sido una de las maneras de traer a la superficie esas formas de pensamiento erróneas. Entre estas emocionantes experiencias están los pensamientos internos que tengo como verdades, y que ahora forman parte de mi nuevo sistema de creencias.

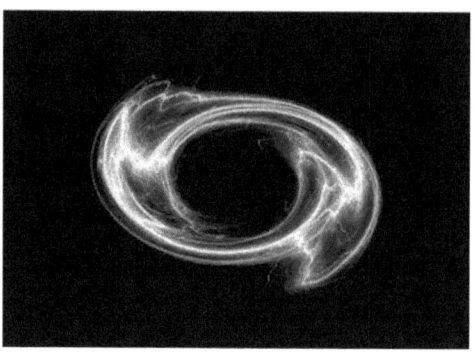

3.
El Extraño, Una Voz, El Proceso.

"Nada que nos hayan dicho, nada que podamos aprender de los demás, nos llega tan profundamente como lo que encontramos en nosotros mismos"

—Theodore Reik

En esta historia en particular, vivo con mi esposo y mis hijos en el estado de California. Mi vida se despliega ante mí mientras viajo al trabajo. En este viaje, me encuentro en el coche junto con un extraño invisible, cuya voz percibí en visiones oníricas. La historia de este capítulo es sobre ese extraño invisible, la voz que percibí y el proceso que ocurrió.

Mi jornada comienza un glorioso y memorable jueves, a mediados de mayo. Desperté temprano esa mañana y cuando levanté la cabeza de la almohada, sentí que ese jueves sería bueno para mí. Volví la cabeza hacia la ventana de mi dormitorio y de inmediato confirmé que, para mí, sería un buen día. Desde mi ubicación, pude ver que estaba despejado y las hojas de los árboles todavía conservaban su rocío matinal. Podía oler el fresco y crepitar aire de la mañana dentro de mi dormitorio. Era como uno de esos días cuando uno se siente contento de estar vivo. Y como la mayoría de las personas, había planeado muchas tareas rutinarias para ese día. Y me preguntaba qué otras más podría agregar. En esa sublime madrugada, tuve la fuerte corazonada de que algo maravilloso estaba a punto de ocurrir, porque había un aura de regocijo en todo el aire.

Antes de darme una respuesta a lo que el día me ofrecía, salí de mi cama como de costumbre y me preparé para el trabajo. Trabajaba en el área metropolitana, en una escuela de gramática con 1.690 estudiantes, como enfermera escolar. En de mis deberes, dirigía talleres de salud para estudiantes desde el jardín infantil hasta doce años. Les daba clases de higiene dental, primeros auxilios básicos, abuso de drogas, educación sexual y otros temas que los profesores relacionaban con problemas de salud. Ese día, había programado un taller para maestros sobre reanimación cardiopulmonar, curso requerido para continuar estudios. Ese jueves era el comienzo de su práctica de pruebas y, además, su prueba escrita. Como los maestros estaban muy interesados en el curso, yo también estaba entusiasmada con la clase.

Durante el tiempo que serví como enfermera en esa escuela, mi trabajo realizado fue tomado muy en serio por los profesores, estudiantes y la administración. Tal vez fue mi amor por la enfermería, o el amor de ellos por aprender, o bien que yo era la única persona del área de la salud en esa escuela. Cualesquiera hayan sido las razones, sentí que mi trabajo y mis lecciones se tomaban muy en serio, y que yo contaba con un considerable apoyo del personal de la escuela.

Dejé la cama, me prepare para el trabajo y salí a las seis de la mañana como de costumbre. En mi camino al trabajo percibí "algo" a mi alrededor. Apagué la música del auto, y puse completa atención a lo que percibía. La sensación de que algo me rodeaba se hizo más fuerte, pero no había evidencia visible para explicarla.

En mi entorno inmediato había una presencia muy intensa y un profundo sonido de silencio. A lo largo del camino, la presencia se hizo más pesada, como si tuviera sustancia; sin embargo, yo era el único ser visible en mi coche. A mitad del camino a mi destino, el tráfico se puso lento hasta detenerse, esperando que pasara el tren del ferrocarril.

Mientras esperaba el paso del tren, tuve una visión en la que me vi como una niña. En dicha visión, me veía como una pequeña de unos cuatro años de edad, en una casa cuya escena era familiar. Mi memoria se trasladó a mi infancia y a todos los años que viví en esa casa. En la visión, la casa se parecía exactamente a la que yo pasé la mayor parte de mis años juveniles. Mi vida como niña también parecía ser la misma. En la visión, sentía como si estuviera regresando a la memoria de esa infancia. Como si el aspecto de aquella casa, trajera con ella, un recuerdo que todavía estaba vivo en mi mente.

Desde el interior de la casa, y a través de la ventana, la niña vio que llovía afuera. Alrededor del cuerpo de la niña había una forma invisible y viviente, y yo sentí su presencia. Y me di cuenta que, cuando era niña, también había sentido esa presencia. En algunos momentos percibí los pensamientos de la niña y sentí su frustración de querer estar con su madre y no poder hacerlo. Al igual que la niña, que miraba en el espejo buscando encontrar la presencia que sentía, yo miraba al espejo y, además de ver la niña, también buscaba lo que había a su alrededor y la presencia que yo percibía. En la misma habitación había una mujer, absorta profundamente en la lectura de una carta, y me sentía como si estuviese sola en la casa. En mi mente de adulto, los pensamientos parecían ser reales porque la visión me permitió ver un acontecimiento de mi pasado.

Siendo una niña, y dentro de una visión, me vi actuando en las creencias que yo tenía. En tal visión, me veía como si recordara mis sueños reales. Todos los días, buscaba en mi entorno la materialización de aquellas cosas que había visto en mis sueños. También notaba que, cuando niña, los sueños siempre eran proféticos y yo creía en ellos. Cuando la visión onírica apareció, en vez de mirar los detalles como adulto, reaccione como niña y pensé que todo estaba en mi mente.

Los detalles que vi en la visión representaban esos acontecimientos en mi mente y que yo sentía fuertemente. Tenían la característica de querer curar a otros. Descubrí que, en los detalles de cada visión, el mensaje era el mismo. Cada visión vaticinaba lo que yo esperaba que ocurriera y agregaba un nuevo detalle simbólico, pero me di cuenta que la misma forma y la misma presencia me rodeaba en toda visión. Cuando entendí esas razones, las visiones se detuvieron; en ese entonces tenía aproximadamente seis o siete años.

Mientras esperaba el paso del tren, mis pensamientos como niña eran muy lúcidos, como si reviviera el pasado. Sentí que en esos recuerdos estaba la explicación de lo que percibía a mí alrededor. Durante el paso del tren, mi concepto del tiempo se detuvo. Y también fui inconsciente de la vista que me rodeaba. En pocos minutos, había revivido varios años de infancia y me vi actuando en las creencias que tenía. Sin embargo, en esos pocos minutos, la visión me había iluminado y me había dado una idea.

En la memoria de algo, ocurrido muchos años atrás, surgió una respuesta a un sistema de creencias. Pensé que la respuesta a lo que percibía a mí alrededor, estaba en esa memoria de mi pasado como niña. En esta experiencia, aprendí que lo que percibía a mi alrededor, había estado conmigo desde los cuatro años o, quizás, desde el principio de mi existencia. La idea de algo, que tenía el poder de separarse de mí y seguir presente, tenía un elemento de intriga para mí. Esta visión onírica, y su punto en el espacio, también fueron muy dinámicos en su alcance. La forma invisible que percibía a mí alrededor, y dentro de mí, tenía que estar relacionada con el recuerdo que tenía de mí misma como niña.

Mis pensamientos volvieron a mí, como la niña que parecía estar convencida de que una forma invisible estaba viviendo dentro de ella. Ella aceptó su presencia como ella misma, y para ella, esa presencia era todo. De hecho, la vida que llevaba con la forma invisible era similar a los pensamientos en su mente. La casa y las experiencias que tenía en ella se guardaron en los recuerdos de la niña de cuatro años. En sus experiencias, la niña parecía haber dominado una parte de ella que carecía de forma.

Al final de la visión, retorné a la conciencia de estar sentada en el auto, esperando que pasara el tren, con la idea de que había algo a mi alrededor. La visión me llevó a un viaje extraño. A medida que recorría su camino, quedó claro para mí que en mi vehículo había una forma invisible, cuya presencia había sentido y aceptado desde los cuatro años.

Cuando llegué a trabajar ése jueves, la percepción de algo que me rodeaba era real. Tenía las cualidades de tener conciencia y parecía estar viva. Cuando entré por la oficina principal, parecía que me seguía muy de cerca, como una masa de materia sólida, pero sin forma. Presté mucha atención a esa presencia y noté sus tranquilizantes vibraciones y su sosegado sonido. La presencia me acompañó a mi oficina y permaneció conmigo durante todo el día.

No recuerdo lo que pasó después de entrar a mi despacho. Luego de la experiencia anterior, la jornada pareció transcurrir rápidamente. Sin embargo, ese día, recuerdo bien la presencia alrededor de mí. Ha dejado una marca en mí y la elegí como el punto medio de mi vida. Y este punto es la línea de demarcación entre el antes y el después de la presencia.

Para mí, esta visión onírica, tuvo muchas preguntas lógicas que tenían que ser contestadas. Mientras buscaba las respuestas en mi mente a otras experiencias, me vinieron a la mente las siguientes preguntas:

- ❖ ¿De dónde proviene la vibración invisible y sin forma?
- ❖ ¿Cuándo entró en mi vida?
- ❖ ¿Cuándo viene a mí?
- ❖ ¿Qué quiere de mí?

La primera pregunta - ¿de dónde vino la vibración invisible y sin forma? - todavía está siendo investigada. Para seguir una línea específica de pensamiento, esta pregunta tiene que responderse con el nivel anterior de conciencia y de una manera simple. En mi pasado nivel de conciencia, pensaba que el mundo era experimentado a través del cuerpo físico. Para conservar un sentido de la vida que llevaba, funcionaba con la premisa de que el cuerpo físico era una herramienta para experimentar el mundo exterior. En esta creencia, yo estaba en un cuerpo físico para vivir ciertas experiencias, transmitidas por una fuente desconocida cuyo mayor interés era mi bienestar. Con este nivel de conciencia, pienso que la presencia invisible vino a mí desde esa creencia de una fuente desconocida. La forma en que respondí a la pregunta - ¿De dónde vino la vibración invisible y sin forma? - no explicó, en ese momento, por qué la fuente desconocida había decidido enviarme una vibración sin forma, que yo no estaba calificada ni preparada convenientemente para recibirla. La principal razón para rechazar esa respuesta fue que no explicaba de dónde provenía la fuente desconocida.

La segunda pregunta - ¿Cuándo llegó a mi vida dicha vibración invisible y sin forma? - es mucho más fácil de responder y de explicar. En la visión, fui llevada a una casa cuyo ambiente me era conocido. Fue donde viví desde uno hasta los seis años y medio. Es mi creencia que la visión fue un modo de recordar la época cuando tenía cuatro años. Como adulto, había olvidado que la presencia siempre estaba conmigo, y al rememorarlo, también recordé a partir de qué instante la presencia me acompañó. La visión me mostró, específicamente, que fue la época cuando tenía cuatro años. Es lógico que haya entrado en mi vida durante ese tiempo, entre uno y cuatro años, o quizás mi vida y su vida comenzaron al mismo tiempo. Sin embargo, la visión fue muy específica: me mostró el momento de mi vida cuando sentí y acepté su presencia.

Esto nos lleva a la siguiente pregunta: "¿Cuándo viene a mí?". Esta pregunta puede ser contestada de dos formas: (1) con mi pasado nivel de conciencia, o (2) con mi nivel actual. Cuando respondo con mi anterior nivel de conciencia, utilizo el concepto de una fuente desconocida. En la visión, me vi en momentos que fueron críticos de mi vida. Durante todos esos instantes, la presencia de la vibración sin forma fue visible para mí. Esto significa que la fuente desconocida es omnisciente y envía la vibración invisible y sin forma cuando hay desarmonía a mí alrededor. Cuando respondo con mi actual nivel de conciencia, siguiendo la línea de pensamiento profético, también tengo una respuesta. Cuando uso el principio de los pensamientos proféticos, deduzco que la vibración invisible y sin forma viene a mí antes de que ocurra un problema. En ese momento, me muestra lo que necesito saber y lo que puedo hacer antes de tiempo. Al hacerlo, me permite prepararme para cualquier papel que deba desempeñar. Esto también significa que, la vibración invisible y sin forma, me muestra sólo aquella parte del evento que se aplica a mi acción y participación personal.

Las visiones oníricas son formas de pensamiento en movimiento que cuentan una historia. La historia siempre está conectada con el individuo que está experimentando la visión. Mientras experimenta este tipo de visión, el individuo está en animación suspendida y el tiempo se detiene. Lo único que permanece constante es la mente consciente. Las visiones son útiles cuando hay preguntas dentro de nosotros para ser contestadas, porque el significado de tales experiencias - que somos incapaces de explicar - se presenta en nuestros pensamientos móviles. Es una manera de tener una experiencia de primera mano para ver las respuestas a nuestras vidas. Cuando las experimentamos y las revisamos cada día, la vida que llevamos se abre para nosotros y, al final del recorrido, nuestras vidas son sanadas.

Cada visión onírica representa un aspecto de la vida que conducimos. Dentro de cada pensamiento móvil se encuentra una interpretación simbólica que responde a una creencia dada y comprendiendo dicha interpretación nuestras vidas comienzan a tener sentido. Cuando nuestra mente consciente es absorbida en una visión, la vida que tenemos adquiere sentido. De hecho, una visión onírica puede tener una explicación para la forma en que percibimos la vida y esto puede cambiarla.

En una visión, las formas de pensamiento tienen vida y por tal razón sus energías permiten viajar. A lo largo del viaje, los pensamientos vivos entran en contacto con otras vibraciones vivientes, y en todo el trayecto, se unirán con aquellos de similar vibración. Su energía se fortalece cuando se unen con otros y, de esta manera, se materializan. Lo mismo ocurre con las formas de pensamiento que se almacenan en nuestro biocomputador.

La forma en que actuamos en la vida cotidiana es un recuerdo de nuestros sueños. Nuestras vidas han sido una serie de puntos en el continuum espacio-tiempo. En nuestros diarios eventos, mientras vivimos nuestras vidas, el guión que actuamos ha sido escrito desde la memoria de aquellos puntos en el espacio donde ya hemos vivido. Para comprender una visión onírica, primero debemos entender el significado de sus símbolos. En su definición, encontraremos la asociación específica que uno tiene para aquel símbolo. Una vez descubierto, es importante prestar mucha atención a qué se aplica: si a la curación de uno, a sanar otras personas o situaciones a las que se quiere ayudar a mejorar.

La cuarta pregunta, "¿Qué quiere de mí la vibración invisible y sin forma?" será contestada con mi actual nivel de conciencia. Cuando miro hacia atrás, las veces que he estado con la vibración invisible y sin forma, la siguiente respuesta adquiere mucho más sentido para mí. En mi respuesta está implícita una creencia que necesita ser explicada brevemente. Concierne a por qué nos sintonizamos con vibraciones elevadas, y cómo cada persona ve una misma cosa desde varios y distintos puntos de vista. En esta cuestión, pueden plantearse los siguientes puntos:

- La vibración sin forma es visible para mí; por lo tanto, quiere que el punto de visión sea puesto frente a mí.
- Por mi intermedio, toma una forma visible de vida con la que puede expresarse a los demás; por lo tanto, quiere trabajar conmigo.
- También tiene la capacidad de sanar y que ésta fluya a través de mí; al lograrlo, también me sana a mí.
- Me enseña a ser un médico espiritual y entonces puedo sanar a otros; por lo tanto, quiere que yo instruya a otros lo que me está enseñando.

Prometí contestar una serie de preguntas relacionadas con esta visión. En dichas preguntas se encontraban las respuestas a mi vida y una forma de ser curada. Corresponden a mi necesidad de saber:

❖ ¿Por qué la forma invisible estaba en mi coche?,
❖ ¿Por qué la visión fue de mi pasado?, y
❖ ¿Por qué eligió la ocasión cuando tenía cuatro años?

Cuando comencé a responder tales preguntas, me percaté que mi nivel de conciencia estaba cambiando y que, dentro de mí, existía un nuevo punto de vista el cual despertó el deseo de aprender más acerca de la vibración invisible y sin forma. A medida que me sentía más cómoda con mis primeras visiones, comencé a experimentar otras. Y al ir comprendiendo las respuestas a las respectivas preguntas de cada visión, estas se incrementaron. Las visiones posteriores, y sus explicaciones, se hicieron más fáciles de entender una vez que me familiaricé con sus símbolos. Con el paso del tiempo, crecí de muchas maneras; también esperaba la llegada de las visiones, y desarrollé una tremenda gratitud hacia la presencia de la forma invisible.

Cuando nuestra relación se estrechó, la orientación de las visiones también se hizo más íntima, y su intención fue explicar una ley. Era casi como si fuese más cómodo con asuntos personales y de naturaleza confidencial. La forma invisible y yo continuamos comunicándonos a lo largo de los años, de la misma forma, con la diferencia de que el contenido de las visiones cambió así como el propósito de explicar algo en mi vida. Las experiencias de mi vida me fueron dando las respuestas contenidas en las visiones. Durante ese tiempo, mi vida se convirtió en un anfiteatro en la cual experimentaba las visiones. Reflexionando sobre las experiencias y analizando los resultados, lograba obtener las respuestas. Cambios sutiles ocurrieron en mi vida, tales como la relación con mi familia directa, y mi percepción de cómo veía mi relación con ellos.

Describir las visiones parece ser la mejor manera de relatar mi historia. Por lo tanto, he escrito aquellas experiencias que considero más apropiadas para describir el proceso de comunicación, y su forma de explicar una ley fundamental. Esta visión, y su viaje por proyección interior, fue el medio utilizado por la vibración invisible y sin forma para comunicarse conmigo. Percibí su forma con todos mis sentidos, mientras me hablaba a través de visiones. Relato esta historia para mostrar cómo la vida que llevaba fue explicada por una presencia invisible, al igual que la interpretación de mi relación con ella - comunicada a través de visiones conscientes-; ella, la presencia invisible, comenzó a allanar el camino de mi vida. Esta visión me hizo consciente de que tenemos varios cuerpos espirituales.

Esta historia es un ejemplo de cómo El Armónico se comunicó conmigo a través de la proyección interior. En este método, la conciencia se transfiere desde el cuerpo físico, o mente exterior, a un cuerpo interior para que este pueda viajar a otro lugar - o permanecer en el cuerpo físico -, y tener experiencias en otro nivel de vibración. Permítanme hacer una pausa, por un momento, para distinguir entre proyectarse en el cuerpo astral versus proyectarse en un cuerpo interior. Una proyección del cuerpo interno no es sinónimo de proyección astral. En una proyección interior, dejamos el cuerpo físico bajo la guía de El Armónico y viajamos en el cuerpo etérico o en el cuerpo astral, que comúnmente se denomina cuerpo emocional. Salir y regresar al cuerpo físico se logra sin ser consciente de un cordón de conexión o sin mirar cómo queda desocupado el cuerpo físico.

La visión onírica, contada en este capítulo, no sólo me enseñó las leyes del cosmos, sino que también explicó mi erróneo sistema de creencias. Tengo el firme convencimiento de que la visión tuvo un propósito, y que cada acontecimiento derivado de él, permitió que mi alma evolucionara. La sensación de liberación que trajeron las explicaciones a mi conciencia fueron respuestas a las creencias que yo vivía. Estas explicaciones me proporcionaban una comprensión de las mismas, así como sus correspondientes verdades. Mientras trataba de corregir mis mitos, comencé a confiar en mis sentimientos - lo que fue evidente a mi conciencia - aunque nadie pareció notarlo; con cada visión mi presente vida adquirió un profundo significado y comenzó a cambiar.

Las historias de este libro consisten en este tipo de fenómenos, que hacen que las visiones oníricas cobren vida. La persona que se relaciona con la vida de esta manera, está evolucionando conscientemente, verdaderamente capacitada, y en sintonía con El Armónico. Cuando la vibración sin forma es visible para otros, de la misma manera que lo es para mí, esta explicación será entendida y el sistema de atención de salud, en este país, estará en sintonía con todos los sanadores celestiales que caminan un sendero similar al mío.

4.

La Familia El Armónico

"Nada es tan fuerte como la dulzura, y nada es tan noble como la verdadera fuerza"

—San Francisco de Sales

Mi viaje continuó un jueves cuando todos mis hijos y mi marido estaban en sus camas. Era aproximadamente medianoche cuando regresé a mi dormitorio. Mirando el cielo a través de la ventana del living pude ver que el sol se había retirado, dejando su reflejo a la luna. Si bien estaba fuera del alcance de mi vista, pude ver que había tomado su lugar en el cielo. La luz de la luna iluminaba cada punto de mi espacio visual. Inicio mi historia con ese memorable y dichoso jueves.

Mirando el cielo a través de la ventana, repasé los acontecimientos del día. Como de costumbre, comencé con ir a trabajar y cumplir con las tareas de enfermera de la escuela. De acuerdo con los involucrados, había resuelto muchos problemas y todo el mundo estaba satisfecho con los resultados. Así que planeé las actividades para el día siguiente y confirmé el plan con el personal de la oficina, asegurándome de que todos teníamos el mismo, y deje el despacho sintiendo que había sido un día pleno de trabajo.

Al llegar a mi casa, Andrew [mi hijo] me estaba esperando. Se había lesionado el brazo en una práctica futbolística después de la escuela. Miré sus heridas y decidí llevarlo a un médico de urgencia. Encontré uno que estaba de guardia en el Hospital Naval y decidí llamarlo. Cuando la enfermera respondió el teléfono y escuchó mi caso, me dijo que llevara a mi hijo y que el médico de turno examinaría la lesión. Dejé un mensaje para mi esposo con Tracie [mi hija) y fui con mi hijo al Hospital Naval. El médico de turno, el doctor Mack, despertándo de su sueño, examinó a mi hijo y casi de manera automática realizó su evaluación de la lesión. El examen reveló un pulgar fracturado, que requería de un brazo inmovilizador corto y una prolongada visita con el médico.

Cuando regresamos a casa, Jarred [mi otro hijo] nos estaba esperando. Había agravado una antigua lesión de su mano en una actividad después del colegio. Observé sus contusiones y decidí llevarlo al mismo médico. El doctor Mack, despertando nuevamente de su sueño, examinó a Jarred y, una vez más, casi en forma automática evaluó la lesión de mi hijo. El examen reveló una delgada fractura en su dedo que requirió una férula y más sesiones con el doctor. Después de dejar su oficina, fuimos a radiología a reservar hora para el día siguiente, porque el Dr. Mack quería otra radiografía del dedo de Jarred. Luego volvimos a casa.

Cuando llegamos, Andrew nos estaba esperando. Tenía mucho dolor y su brazo se había hinchado más allá de lo normal. Dejé a Jarred en su habitación y llevé a Andrew de nuevo al mismo médico. Durante esta visita, su brazo inmovilizador fue abierto y de inmediato se sintió aliviado.

Cuando retornamos a la oficina del doctor, me di cuenta de que el médico era bastante descortés. Después de decir comentarios sobre mis hijos y su propensión a los accidentes, dejó muy claro que yo estaba interrumpiendo su descanso. Mientras continuaba con otros comentarios groseros, consideré que la atención hacia mis hijos carecía de compasión. Fue en ese momento cuando escuché al doctor Mack pronunciar su última y ordinaria observación: "¿Le importaría que le diese una receta para su otro hijo? Así no me despertarán nuevamente".

Al ver su insensibilidad hacia mis hijos y mi vida en general, respondí de manera igualmente descortés. Mirándole profundamente a su vista y con mis ojos llorosos, le respondí:

- "Dr. Mack, si mi otro hijo, Jarred, se queja de dolor, voy a traerlo de vuelta al Hospital Naval y requerir nuevamente su servicio".
- Y ásperamente le agregué: "A Usted se le paga para estar de guardia. Además, si Ud. duerme mientras está trabajando, su salario necesita ser reducido". No escuché ninguna respuesta del médico.

En mi brusca forma, seguí mirando a la cara del doctor. Entonces recordé una historia que mi abuela, Simona, me contó acerca de la grosería y la gente mal educada. Ella decía que lo grosero era una vía que nos lleva a la desarmonía. Es un camino largo y adictivo, con muchas inclinaciones. Y aunque viajamos por este camino que hemos elegido, nuestra propia ira, odio y venganza que llevamos están acechando para encadenarnos a la grosería. Ella terminaba diciendo: "Alexandra, no dejes que nadie te lleve por ese camino." Con ese recuerdo, observé la falta de compasión en los comentarios iniciales del doctor. Cuando su expresión facial se suavizó, le di las gracias por el cuidado que había tenido con mis hijos y nos fuimos. Salimos del consultorio, nos detuvimos unos minutos a comprar la receta de Andrew para el dolor, y luego volvimos a casa.

Cuando llegamos, todo el mundo estaba en cama y nuestra cena se calentaba en el horno. Comimos, ayudé a Andrew a prepararse para el día siguiente y después de irse a la cama, yo tomé un baño caliente. Luego me vestí y preparé mi ropa de trabajo para el día siguiente. Aprovechando que la casa estaba tranquila, bajé a mi sala de estar. Cuando miré el reloj de la sala, era ya medianoche. Me senté en el sofá de la sala de estar para relajarme y meditar, y comencé invocando una oración.

Me sentía muy cansada, pero también muy agradecida porque mis hijos estaban descansando y, al parecer, sin ninguna molestia. Después de concluir la oración y en cuestión de segundos, mi mente consciente comenzó a viajar por el espacio, como lo hacía a menudo en mis visiones oníricas. La sensación de viajar era extraordinariamente rápida y consciente. Sentía como si todo mi cuerpo se lanzara a través de un vasto espacio. A la velocidad que viajaba, oía el ruido del aire golpeando fuertemente contra mis oídos durante el tiempo de vuelo.

En esta visión, me encontré viajando a un lejano lugar que me parecía conocido. Por una repentina detención, tome conciencia que había llegado a un lugar que nunca antes había visto. Con la súbita parada del vuelo, todo mi cuerpo percibió el espacio alrededor, sereno y tranquilo, en donde me encontraba. Cuando me aclimaté al entorno, me sentí como en uno de esos días de verano que siguen a las primeras heladas de finales de otoño. El aire era suave, cálido y brumoso, y me recordó lo que en Norteamérica llamamos un verano indígena. En mi vecindad inmediata, pude ver que era de noche, pero temprano, y el sol había cedido su lugar a una hermosa luna de principios de verano indígena. Sentí que todo lo que tenía que hacer era respirar para estar vivo.

Me di vuelta para ver a mi alrededor y observé un grupo de personas, al parecer, preparándose para meditar. Cada persona estaba sentada sobre una alfombra voluminosa que, a su vez, estaba encima de una tela más grande que cubría el piso entero. La tela era suave, ligera y brillaba como seda, pero tenía una rugosidad metálica. Llamaron mi atención tanto la tela como las piernas de las personas. Junto con la tela que cubría el piso, me sentí intrigada por la extraña posición de las piernas de las personas. Parecían estar dobladas hacia arriba y hacia la gruesa alfombra. Ignorando mi presencia, el grupo de personas parecían absortas en la preparación de una actividad. Desde mi visión periférica, vi que una figura se paró de inmediato y caminó hacia donde yo estaba. En mi emoción, giré mi cabeza en esa dirección y vi a una mujer que venía hacia mí. Tenía un rostro que había visto antes, pero pensé que todo estaba en mi mente. La mujer pareció reconocerme, y mi corazón comenzó a anticiparse al encuentro cuanto más se aproximaba. Al acercarse, noté que tenía los ojos grises azulados más hermosos que hubiese visto. Y cuando finalmente llegó frente a mí, la miré como a alguien a quien conocía, pero que no podía recordar dónde. Entonces ella me saludó y se identificó como uno de los miembros de mi familia.

La mujer llevaba un vestido naranja con un cordón del mismo color, pero más oscuro, alrededor de la cintura, similar al cordón utilizado en la Orden Franciscana y sandalias de color café oscuro. Unas flores blancas pequeñas, semejantes a la flor velo de novia, adornaban su pelo. Sobre su cabeza, llevaba una bufanda amarilla que se extendía más allá de sus hombros y por encima de su cintura. Con el reflejo de la luna, su rostro tenía un color azulado y su cabello castaño claro tenía un brillo dorado. Todo su cuerpo vibraba con un sonido que había oído antes, y pensé que la conocía desde siempre. Cuando me habló, me sorprendió oír su suave y melodiosa voz que decía: "¡Bienvenida! Te esperaba". (Por razones de claridad, me referiré a ella como Victoria).

Las características físicas de Victoria y su voz suave y melodiosa me eran muy familiares. Sabía que era alguien a quien había conocido antes. En mi sorpresa, miré rápidamente al grupo de personas para ver si había otros rostros familiares entre ellos. La gente estaba sentada en el suelo frente a una pared, a una corta distancia de mí. Estaban concentrados en su labor y en algo que no alcanzaba a ver desde donde yo estaba. Desde mi punto de vista, me pareció que delante de ellos había una persona que los guiaba. Mi intuición interior me dijo que tenían algo importante que mostrarme. En mi perplejidad, estaba ansiosa por ver lo que estaban haciendo. En ese instante y de la nada, aparecieron otras dos mujeres que se nos unieron. Cuando Victoria me pidió que la siguiera, lo hice, y mientras caminábamos, las dos mujeres también nos siguieron.

Mientras caminábamos por un sendero, me di cuenta de que cerca de Victoria había una energía sin forma que parecía rodear todo su cuerpo. Victoria caminaba con la columna recta, como para demostrar que el peso adicional sobre su espalda era pesado. Ella me dio la impresión de que, existir y vivir con una energía sin forma e invisible, era su misión. Fuertemente percibí que ella tenía una mente diseñada para pensar - sobre todo - con cordialidad de las personas en sus momentos de estrés físico, confusión mental y estados de enfermedad psicológica y/o física. En la energía sin forma que la rodeaba había una vibración de luz amarilla clara dentro de una sustancia eléctrica blanca cuya periferia estaba sellada con una radiante línea de intensa luz naranja. Por el tono de la voz de Victoria, cuando ella habló, capté que ella parecía estar consciente de que la energía sin forma estaba allí presente.

A lo largo del trayecto, Victoria, con su voz suave y melodiosa, me contó la historia de su familia. Durante el tiempo que habló, me encontré mirando sus ojos tranquilos; en la visión, mi sentido del tiempo se detuvo. En su historia había una vibración increíble, invisible, sin forma, que ella llamó "El Armónico".

- La historia tenía cierto atractivo para mí y le pregunté: "¿Qué parte de nuestra existencia es real?"
- Ella respondió: "Aquello que recuerdo fue una fuente iluminadora en la vida que llevé".
- De manera curiosa e inquisitiva, mi siguiente pregunta fue: "¿He vivido esa parte de la visión en esta existencia, y además, si es así, cómo?"

La explicación que me dio no tuvo sentido para mí, y como si comprendiera esto, Victoria siguió hablando mientras caminaba por el sendero.

- Entonces dijo: "Esta visión permite que la persona se exprese mejor mientras su yo escucha".

Mientras hablábamos comprendí lo que eso significaba: yo estaba viviendo esa parte de la visión. La explicación me pareció como si el centro de mi ser me hubiese dado un análisis sólido de la presencia de El Armónico. La energía sin forma, alrededor del cuerpo de Victoria, era visible para mí como un ser humano. En retrospectiva, esta parte de la visión transmitía una sensación de bienestar a mi conciencia despierta pues permitía entender lo que, a veces, rodeaba mi cuerpo.

- "¿Qué es la energía El Armónico?", le pregunté con mucho interés.
- "El Armónico", respondió ella, "permite que la voz se llene de vida".

Cerca de ella había otra mujer con largos brazos delgados que decía:
- "La energía de El Armónico tiene una personificación humana".
- "Soy un humano," dijo la otra mujer. "Mi voz está dentro de El Armónico. Es él quien da vida a la voz", añadió.

Esta explicación me satisfizo. En mi mente, me era agradable su patrón de expresión, así como su fuente de sonido. Cuando hablaban, sus brazos usaban palabras que yo entendía.

Seguimos por el sendero hasta llegar a donde Victoria quería ir, y luego finalizó el camino con un gesto de la mano y un sonido que parecía decir "MO-ORR-AR".

Caminando por otra carretera bien pavimentada, vi un puñado de monedas. Dejé de caminar y pregunté cómo podía llevarlas, porque quería recogerlas, y Victoria me dijo que las pusiera en una taza. Cuando me incliné para echar un vistazo más de cerca, me di cuenta de que las monedas estaban cubiertas de tierra. Al rascar la superficie de las monedas, vi que tenían caras impresas como las que se encuentran en los medallones religiosos.

Cuando las tres mujeres vieron las medallas cubiertas de tierra, tuvieron una reacción de alivio y consuelo, aunque nada dijeron. Entonces Victoria continuó por el camino asfaltado y me indicó que la siguiera. En el transcurso del camino, continuó contando la historia de su familia y explicando por qué miraban las medallas. Mientras yo llevaba la copa con las medallas, ella dijo que al llevarlas puesta el individuo está en contacto consigo mismo.

Con la discusión sobre las medallas, Victoria me dio una lección sobre una ley específica, y me quedé fascinada con ella. La ley me mostró que el ser con crecimiento personal y la imaginación instructiva, cuya mente estaba formando El Armónico, es el ser humano cuyo rostro aparece en las medallas. Me sorprendió escuchar que yo era un miembro de la familia El Armónico que había vivido como Victoria. Como ahora había reconocido a la familia, me di cuenta que siempre El Armónico había vivido a mi alrededor. Tal vez Victoria me parecía conocida porque ella era yo. El paseo, en lo que ella dijo que era el cielo, lo experimenté como una turista que había entrado en una profunda meditación dentro de sí misma.

En apariencia, sus formas humanas y características físicas eran similares a las mías; sin embargo, sus cuerpos físicos respondían de manera distinta al mío. La diferencia más notable era en las manos y la cabeza, que parecían tener otras funciones. Por ejemplo, cuando caminaba con Victoria por el sendero, vi una taza. Al ir a buscar las medallas cubiertas de tierra para mojarlas, ella dijo: "Tome su mirada y muévala a la forma humana". Recogí las medallas con mis manos ahuecadas, volteé la mirada hacia la voz de Victoria, y después cuando fuimos a buscar la taza, mis manos estaban vacías y las medallas ya estaban en ella. Además, las medallas cubiertas de tierra estaban mojadas con líquido, como si alguien las hubiera lavado antes de tiempo. Su explicación fue: "Has creado un camino que ha penetrado en tu ser".

Durante el resto del viaje, Victoria permaneció en silencio mientras la seguíamos a través de lo que parecía ser un camino de tierra interminable. Después de un largo paseo, llegamos a una bifurcación en la carretera, y ella nos llevó al lado izquierdo, hacia un grupo de personas. Cuando giró a la izquierda, lo que sucedió después fue muy extraño; aunque habíamos caminado físicamente una extensa carretera pavimentada, de pronto estábamos sentados con el grupo.

Estando sentada con ellos, me miré y noté que mi ropa había cambiado. La ropa que llevaba desapareció instantáneamente, así como las medallas cubiertas de tierra que tenía en mis manos. También noté que mi apariencia se había transformado en un ser que se asemejaba a los del grupo. Una transformación total ocurrió a todos nosotros. La mujer que viajaba conmigo y yo teníamos el mismo traje de color rojo rosáceo, un chal azul marino, unas sandalias del mismo color, y una cinta de color azul celeste intenso alrededor de mi frente. Todos estos cambios ocurrieron cuando Victoria giró a la izquierda.

El grupo de personas nos dio la bienvenida con un gesto de la mano y nos saludó con una palabra. Durante la pronunciación de la palabra, vi un símbolo de seis caras brillando entre sus dedos. También observé que en las mangas de sus vestidos estaban los mismos símbolos, similares a los que se encuentran en los escudo de familia. Sin contar a las mujeres que viajaban conmigo, sabía que había veintiuna personas en el grupo. Frente a mí, en una silla con tres patas, estaba Victoria, que parecía dirigir el grupo en una actividad en la que el cuerpo de todos estaba creando el mismo sonido vibrante.

Formando un círculo, cada uno de nosotros se sentó en una silla similar de tres patas, frente a Victoria. La figura creada desde nuestros cuerpos apareció como una forma invisible en una cadena unida. Careciendo de explicaciones acerca de mi vida y teniendo muchas preguntas sobre la forma invisible, me sentí muy frustrada al no comprender su lenguaje. El sonido de la voz de Victoria tenía un tono melodioso, muy peculiar, que parecía pronunciarse con la boca pero que era emitida a través de las manos. Parecía casi como si ella fuera un ser humano con las cuerdas vocales en sus brazos. En mi conciencia despierta, estaba muy confundida mientras ella hablaba. Quería mirar su cara, pero el origen de su voz provenía de sus manos, y así mi mirada se dirigía hacia abajo. En mi confusión, no estaba segura hacia dónde mirar.

De lejos, vi a varios niños que caminaban hacia mí y, mientras se acercaban, yo sentí la tranquilidad de ellos. Tenían los mismos símbolos en sus mangas que yo. Cuando los niños estuvieron cerca, me saludaron de la misma manera que las personas del grupo. Siguiendo su ejemplo, imité el saludo que había presenciado anteriormente. Antes que yo preguntara, Victoria me dijo: "Este saludo es para mantener viva la familia El Armónico. Es un signo de que lo individual es una personificación de la fuerza de la energía El Armónico".

Me di cuenta de que cuando los niños llegaron, sus dedos extendidos proyectaban la imagen de la figura existente en la medalla. Victoria, en su historia, dijo: "Los niños vestidos con las medallas personificaban a los miembros de la familia El Armónico".

Para mí, la visión tenía un objetivo determinado, así como un elemento místico. Por ejemplo, cuando decidí caminar hacia los otros niños, ellos continuaron caminando hacia Victoria. Llegaron hasta ella y dijeron al unísono que, para verme, tuvieron que caminar hacia Victoria. Después de su saludo, sentí una energía formidable moviéndose rápidamente a través de mis brazos y que recorría todo mi cuerpo. Entonces caminamos juntos, uno al lado del otro, a lo largo del camino.

Los niños y yo continuamos caminando y jugando, deteniéndonos para hablar con varios tipos de personas. Tomándonos de las manos, avanzamos alegremente por el sendero y varios metros a mi derecha, noté a dos niños caminando hacia mí. Súbitamente en mi conciencia despierta, Victoria y yo nos volvimos uno. En la visión hubo una remembranza humana que iba más allá de la comprensión normal; casi instantáneamente, Victoria dijo que "dentro de la visión yo estaba probando mis sentimientos". Aunque los rasgos de los niños eran sorprendentemente vivos en mi mente, ellos eran desconocidos para mí. Entonces noté que llevaban en sus mangas emblemas similares a las mías. También me di cuenta de que se habían acercado a mí en lugar de Victoria. Sintiéndome reconocida, extendí un gesto de bienvenida, y ellos respondieron.

Aunque la visión se percibía real, mi conciencia despierta sabía que estaba en un lugar donde la quintaesencia sin forma era visiblemente viva. La visión fue un medio para comunicarse con una forma invisible de energía. Creo que la corriente de energía de El Armónico, que recibí de Victoria, fue el método para mí de conocer cómo la forma invisible dirige mi iluminación humana, así como la manera que él me percibe. De hecho, palpé fuertemente que su toque, silencioso y amoroso, fue el procedimiento para decirme que necesitaba una forma conjunta de curar y nutrir a los niños.

Desde algún lugar llegó una mujer, con cabellera abundante, y que vino a conocernos. Ella dijo:
- "Los dos niños son seres con la energía de El Armónico que han respondido a ti. Su verdadero trabajo en esta vida es sanar a otras familias. Su objetivo final es esa forma invisible de trabajo".

- Entonces le pregunté: "La energía El Armónico, ¿es una familia cuyos miembros son sanadores?".
- Mirándome a los ojos, se inclinó hacia mí y me dijo: "Soy una sanadora".

La mujer giró de un lado a otro y con un tono enérgico y un suave movimiento de la mano, como para contarle a todo el mundo, dijo:
- "¡Bienvenida a tu familia!"

De pronto, me encontré de pie frente a un gran árbol, con la misma mujer. Los niños habían desaparecido en el aire, y el paisaje cambió. El viaje fue casi instantáneo; se sentía como una cálida brisa del aire de otoño, susurrando a través de las hojas frescas.
Debajo del árbol inmenso, el cabello de la mujer parecía más lleno y ondulado, con suaves rizos claros y castaños, cortados por encima de los hombros. Se veía muy digna, con rasgos faciales finamente cincelados: una pequeña boca y nariz dentro de una pequeña cara redonda. Los rasgos faciales más llamativos fueron sus ojos castaños. El iris de las pupilas estaba muy dilatado, algo poco común para mí; líneas de color azul y verde oscuro irradiaban desde las pupilas hasta la extensión del iris. Bajo el gran árbol, la mujer parecía ser refinada, sencilla, con mucho conocimiento y muy…muy humilde.

Durante nuestra extensa conversación, la mujer me habló de lo que yo pensaba que era su vida real. En síntesis, ella estaba presentando este trabajo a mí. Como sanadora, ella trabajaba con niños en una escuela. Su trabajo como terapeuta era similar al mío como curador espiritual. Mientras ella hablaba, en la visión existía una parte de mí. Esta mujer tenía el mismo amor por los demás, la misma imaginación instructiva y los mismos fuertes poderes curativos que los míos.

Mientras hablaba, me di cuenta de que mi trabajo como enfermera era importante y que estaba caminando la misma senda. Imagínese la gran sorpresa y la fortuna de escuchar que uno está siguiendo el camino del pasado. Era, por decir lo menos, un método de comunicación

tremendamente motivador. Me pregunté en silencio si esto era posible, o al menos, plausible.
- Entonces, con asombro, le pregunté: "¿Alguna vez me contaste esta historia antes?"
- "¿Por qué estás expresando una parte de esta existencia?". Ella respondió, como si dijera: "¡Sí!"

Asombrada, me pregunté cómo una forma invisible era capaz de crear una historia visible, y supuse que esa pregunta podría contestarse sólo con otra pregunta.
- "¿Es esta visión un producto de mi imaginación? Por otro lado, ¿es real?"

La respuesta a esta pregunta vino en forma de luz. Al querer preguntarle, la mujer comenzó a brillar rápidamente hasta que no había nada más que luz, y no podía verla ni sentir su presencia. Después de que mis ojos se acomodaron a la luminosidad, su inmensidad disminuyó lentamente. Cuando la luz se atenuó a un tamaño de dos a tres pulgadas más grande que la periferia de la mujer, pude ver claramente que ella estaba dentro de la luz.

Cuando, una vez más, miraba y sentía la presencia de la mujer, y verla dentro de la luz, era la manera de decir que ella estaba hecha de luz. Creo que si hubiera sido un producto de mi imaginación, entonces haber reducido la luz habría significado también reducir su imagen y la imagen de la luz. Por su reaparición, la mujer me estaba diciendo algo. Eso significaba que yo no era la creadora de la visión. La razón por la que estaba de pie frente a la mujer y dentro de la escena, me dije, era porque ella lo había querido así. Esta es la parte de la visión, y la solución a la pregunta anterior, la que me llevó a deducir que yo presencie a la mujer que desapareció en la luz, y al mismo tiempo fui testigo de la luz como tal. La mujer dentro de la luz estuvo en la visión. Por lo tanto, la visión fue real y no una ficción de mi imaginación.

Bajo el árbol grande, la conversación retornó al mal uso de una ley. En relación a una verdad errónea, la mujer trató de explicar las leyes de la vida que aplicaba incorrectamente. Dijo que la ley mal utilizada pudo haber comenzado como una necesidad de vivir equilibradamente. Mientras ella hablaba, yo lo relacionaba con aquella parte de la ley explicada en la visión. En su análisis de la ley encontró verdades erróneas que yo usaba como argumentos válidos. Cuando comprendí la visión, el mito de la ley y mis verdades erróneas entonces sus explicaciones tuvieron más sentido para mí. Terminó diciendo que el mal uso de la ley significa vivir fuera del camino o fuera de su campo de luz. En retrospectiva, creo que la comprensión de estas leyes de la vida es esencial para corregir cualquier verdad errónea.

Después de discutir la ley que yo usaba incorrectamente, la mujer caminó hacia la parte trasera del árbol grande, y la seguí. Durante el recorrido, continuó hablando, pero esta vez el tema de discusión fue sobre el sendero. La mujer comenzó diciendo que las leyes aplicables de la vida son mal utilizadas si no se entienden en términos del camino de nuestro pasado.

- "Nuestra vida se profundizará con la imaginación instructiva", dijo, "mientras comenzamos a seguir el camino de nuestro pasado".
- "La vida que elegimos seguir comenzó en el pasado", continuó la mujer.
- "Profundizar nuestra existencia por el trabajo realizado cada hora o en el ocio es, en parte, la forma en que crecemos. Transitando nuestro camino se encuentran las cualidades de nuestra vida. La forma de caminar también es una parte de nuestro crecimiento. Caminar un sendero significa conducir la vida que hemos elegido en el pasado. Significa que el campo de luz que hemos escogido está iluminando nuestra ruta".

Concluyó diciendo que, cuando vamos en el campo de luz del sendero, la ley de la vida es nuestra guía.

Mientras escuchaba sus palabras, al instante quise saber acerca de mi propio camino. Intuitivamente, en un lugar dentro de mí, algo preguntó inquisitivamente por más. En mi interior había un sentimiento muy fuerte de que la imaginación instructiva, de la que hablaba la mujer, en mi hermosa visión puesta en palabras, era mi último desafío; también sentí que a través de la familia El Armónico, encontraría mi propio camino. Puesto que la mujer había recordado maravillosamente el camino de la familia de El Armónico, quería creer en mi mente que ella también había recordado el mío; después de todo, en la visión, se había destacado el caminar por un sendero.

Mientras reflexionaba sobre lo anterior, noté que la mujer me miraba como si recordase algo. Fuera lo que fuese, y casi como un pensamiento tardío, la mujer, dijo:

- "Tu sendero celestial es lo que estamos caminando. El camino que sigues tú lo has caminado antes; por eso esta vía tiene un aroma conocido".

Tal vez ella sentía que yo buscaba la respuesta a mi propio camino. O quizás se sintió obligada a hablarme de mi propio camino. Cualquiera fuese la razón, yo esperaba que ella me revelara más.

"Curar a los demás - ella continuó- es el camino hacia tu crecimiento personal. De hecho, el cuidado de otros, en cierto sentido, es iluminador y esculpe un camino para usted como sanador. En realidad, el trabajo compasivo de cuidar a otros es lo que representa la curación, y tú eres la que extendió un saludo y respondió a la familia El Armónico. La sanadora de tu pasado está en este camino". Ella continuó hablando de otros aspectos de la enfermería y yo estaba muy hipnotizada por sus explicaciones pictóricas. Cuando terminó la larga conversación acerca del camino, y como para concluir nuestro encuentro, la mujer y yo nos despedimos.

Con su notable estilo, Victoria emitió un sonido de tres sílabas y entonces un camino se cerró, todo el paisaje cambió, y la mujer de abundante cabellera desapareció. En los alrededores, oí el sonido de mirlos acercándose. Me di cuenta de que era de día, y pude ver arriba el cielo azul brillando. El tiempo estaba despejado y fresco. En el aire puro había olor de pan recién horneado y, en el clima, la estación había cambiado de otoño a primavera. Se sentía como un día de primavera, temprano por la mañana.

Una vez más, Victoria estaba frente a mí, con su suave y melodiosa voz. Nos encontrábamos en el mismo sendero donde los niños y yo habíamos andado alegremente. Victoria parecía alejarse de mí, como si recién me hubiese saludado. Noté que llevaba el símbolo de la familia El Armónico en las mangas. Se dio la vuelta y empezó a caminar, como si fuéramos a proseguir otra caminata.

Aunque Victoria nada dijo, cuando ella se dio la vuelta, intuitivamente supe que necesitaba seguirla, y lo hice. Mientras caminaba delante de mí, un continuo y profundo sonido de paz parecía estar rodeando su cuerpo entero. Tenía las mismas cualidades de la presencia que había observado antes. Entonces supe que la presencia era El Armónico, y continué detrás de ella con ese plácido sonido. Mientras la seguía, mi memoria consciente cambió y se aplicó a mi práctica de curación espiritual. Durante ese momento comprendí porque, en cada curación espiritual, mis pacientes comentaban de la percepción de un apacible sonido. En aquel instante, entendí que El Armónico me mantiene en sintonía con la misión que he elegido, y el sonido pacífico de El Armónico es lo que escuchan mis pacientes durante la sesión.

Mi recuerdo consciente volvió a cambiar cuando Victoria, con su voz suave y melodiosa, se volvió hacia mí y me dijo: "Casi llegamos".

El cambio en la conciencia fue rápido, pero en mi mente, fui consciente de que en la visión estaba con ella. Era similar a la sensación que uno tiene cuando, después de despertarse en medio de la noche, se va a beber agua o al baño, y luego retorna al mismo sueño. La voz, suavemente audible, me devolvió a la actividad de caminar junto a Victoria. Cuando oí la voz, noté que provenía de otra mujer que caminaba detrás de nosotros. Me volví para ver quién era, y ella me dio la bienvenida con una palabra de tres sílabas. Imaginen mi asombro cuando vi que quien caminaba detrás de nosotros era la mujer con abundante cabellera.

Después de responder el saludo de manera similar, seguimos caminando por el sendero. Y mientras andábamos, me preguntaba si la conexión era necesaria para mí.
La respuesta de la mujer fue:
- "¡Sí! Es necesario para el funcionamiento de causa y efecto". Ella me habló como si yo le hubiese preguntado en voz alta.
- "El brazo", prosiguió, "es el verdadero trabajo".

Con una perspectiva diferente de la familia El Armónico, me acerqué a ella y le dije: "¿Adónde vamos?". Sin contestar, ella respondió apuntando ambas manos al cielo.

En el camino, nos encontramos con la personificación de un medallón que a menudo uso. En ese momento, sentí que estaba mirando dentro del medallón mismo. Cuando comparé la imagen con el recuerdo del medallón que tenía en mi mente, me pareció muy realista. Cuando nos acercamos a ella, me miró y sonrió. Quise parar y tocarla, pero cuando nos acercamos a ella, mi conciencia despierta cambió, y la mujer con abundante cabellera concluyó el camino.
Cuando éste finalizó, tuve la impresión de que la visión también terminaba. En cuestión de segundos, mi mente consciente viajaba a través del espacio a una velocidad enorme. Sentía el aire como si fuese lanzada a través de un espacio enorme. Sin duda, fue el momento más hermoso que haya tenido en cualquier vuelo. Al oír las campanas del reloj de la sala supe que había llegado. Era medianoche, y estaba sentada sola en el sofá de la sala.

En esta visión onírica, me fue entregada una historia de la familia El Armónico; los nobles seres de esta familia fueron los que escucharon mis interrogantes de la vida y me dieron la visión como respuesta. En retrospectiva, creo que esta es la historia de mi propio continuum espacio-tiempo presentado y realizado por mis muchas formas de vida. Creo que esta visión onírica fue el recuerdo de una familia dedicada a la curación, junto con y dentro del diseño de la vida que había vivido. Desde el punto en el espacio donde estaba, viaje hacia adentro, hacia una paz donde había comenzado mi existencia real y terminé dominando mi propio punto en el espacio.

5.

El Estanque De Agua

"Si proteges los cañones de las tormentas, nunca verás la verdadera belleza de sus esculturas"

—Elizabeth Kubler-Ross

A menudo algunas personas dicen: "Sé que aquella cosa existe porque la veo". Otras personas pueden ser más vehementes en sus convicciones sobre la existencia de algo y dicen: "Si se ve como un pato y grazna como un pato, entonces es un pato". Estas declaraciones son tan habituales que las aceptamos sin cuestionar.

- ¿Te has preguntado alguna vez qué significan estas declaraciones?
- ¿Te has encontrado alguna vez en medio de una pregunta crítica, y te has preguntado si el pato que viste y el pato que oíste graznar era realmente un pato?

Si Ud. recordase su primera infancia, estaría de acuerdo con lo que voy decir. A la mayoría de nosotros nos han enseñado que debemos juzgar al mundo solo a partir de nuestras impresiones objetivas del mismo. Nosotros, sea por las experiencias directas en nuestras vidas, o transmitidas de boca a boca, hemos sido entrenados para pensar de la realidad de las cosas desde un punto de vista material. En algunos casos, se ha grabado en nuestras mentes a menos que, realmente veamos una cosa o la sintamos, la probemos, la escuchemos o la olamos; no tenemos evidencia significativa para creer que la cosa exista. De hecho, incluso a veces, basamos nuestras decisiones en nuestra capacidad de sopesar mentalmente lo que percibimos. Para ampliar aún más el uso de las palabras y ser más conscientes de lo que esto implica, permítame explicarlo del siguiente modo. Cuando decimos "lo veo" tendemos a decir: "Mi conciencia lo ve". La palabra "ver" significa que hay una imagen en la conciencia. Entonces, cuando usamos dicha palabra de esta manera, la consecuencia es que nuestros datos de referencia provienen de esa imagen en nuestra conciencia. Por lo tanto, no es exagerado afirmar que nos hemos convertido en esclavos potenciales de las cosas materiales.

Ahora, para explicar lo que aprendí sobre la naturaleza de este tema, permítame contar una historia personal, junto con mi interpretación y el concepto erróneo.
Esta es la historia de cuando vi un estanque de agua en una visión onírica. Se cuenta como un testimonio de las imágenes que percibimos en tal estado. Este relato explica cómo El Armónico se comunicó conmigo a través del conocimiento directo y cómo funciona este método. Contiene un mensaje que me dio El Armónico quien, al parecer, se había estado comunicando conmigo durante muchos años. Según recuerdo, además de las visiones oníricas, también me habló de muchas otras formas. Sin embargo, esta fue la primera vez que El Armónico se comunicó a través del conocimiento directo. Este es un método de comunicación muy interesante que, poco a poco, se convirtió en otra manera de recibir mensajes de El Armónico.

Esta historia comienza una mañana de jueves a mi llegada al trabajo. Al arribar noté que el día comenzaba a ser cálido. El sol irradiaba desde arriba y el aire fresco se sentía cálido sobre mi piel. Un aroma renovado impregnaba mi entorno, y entre los árboles había una silenciosa señal de primavera. Caminando hacia mi oficina, me pregunté si las personas que trabajaban al aire libre también percibirían estas cualidades del día.

Para empezar, busqué en mi oficina el horario de ese día. Esta era mi forma de planificar y priorizar todos los proyectos, solicitados u obligatorios, que quería alcanzar. También me permitía anotar cualquier solicitud o problema sin resolver que tuviese un maestro en particular. De esta manera, los proyectos obligatorios de la escuela no se pasarían por alto, y a su vez, yo administraba eficientemente mí tiempo. Al mirar el horario, noté que la mayoría de las tareas de enfermería eran al interior del colegio. Dentro de las labores programadas había una clínica de vacunación, la que habitualmente se realizaba una vez al mes. Ese día, entre las tareas programadas, correspondía varias inspecciones en el aula y dos reuniones del comité.

Una fila de estudiantes y padres me esperaba fuera de la oficina. Algunos estudiantes, por alguna enfermedad, aguardaban la autorización para ser readmitidos a clase, mientras que otros, por problemas particulares, habían sido enviados por sus respectivos profesores. Algunos padres esperaban autorizar a su hijo para ser vacunados; otros, por la actualización de los registros de vacunación de sus hijos. Estos últimos recibieron los formularios para ser llenados, mientras que los otros padres firmaban los documentos de consentimiento. Mientras tanto, los estudiantes que debían ser readmitidos a clases o enviados por un profesor, estaban siendo examinados para que regresaran a sus respectivas aulas.

Después de atender a todos, preparé mi agenda del día. Esta comenzó con varias inspecciones a las salas de clases, seguido por la clínica de vacunación, y terminó con dos reuniones de comité. En mi oficina, y mientras me preparaba para las inspecciones de las aulas, seguí percibiendo ese hermoso día. Con todo lo ocurrido, consideré que el día había sido rebosante de actividades provechosas y logré todo lo que tenía programado. Aunque estuve muy ocupada trabajando, el tiempo pasó rápidamente. Parecía como si la jornada tuviese más de ocho horas, ya que había ejecutado más de lo que estaba en el calendario. Cuando deje mi oficina, sentí que había sido un importante y buen día de trabajo.

Camino a casa comencé nuevamente a percibir el tiempo. El sol se había hundido bajo el horizonte y el calor comenzaba a cambiar. Se sentía como si el sol estuviese fuera de vista. El cielo estaba lleno de gruesas y eléctricas nubes blancas que anunciaban las primeras señales de un día muy lluvioso y pesado. Esta fue la razón para dejar las compras para otro día y conducir directamente a casa. Una vez que llegué, la labor de la cocina me hizo olvidar la enorme cantidad de trabajo que había realizado. Después de cambiarme de ropa y leer el correo, ayudé a mi hijo con su tarea de matemáticas, mientras los otros niños trabajaban en sus proyectos escolares. Luego, mientras todos estaban ocupados completando sus tareas escolares, comencé los preparativos para la cena.

Aquella noche fue fresca y fría en toda la casa. La habitación más cálida era la cocina. Después de la cena y mientras lavaba los platos, tuve la idea de que la cocina sería un lugar perfecto para leer un libro. Recordé que, en ese momento, y mientras los niños miraban la televisión, la cocina estaba silenciosa y sería el mejor lugar para leer. Me apresuré a lavar los platos y comencé a leer un libro mientras la habitación todavía estaba temperada. El libro que elegí no me interesó y, después de tres capítulos, decidí dejarlo, tomar un baño y meditar. Esa noche, cuando terminé mi baño, eran las siete de la tarde. En el lugar donde normalmente medito, hacía mucho frío. El dormitorio era el único lugar donde sentía que era menos probable que me molestara el ruido. Era la habitación más alejada de arriba, lejos del flujo de tráfico y los corredores principales, así que decidí esa noche usar el dormitorio como mi cámara de meditación.

En unos minutos, caí profundamente en un estado meditativo. Aunque era consciente de mi cuerpo físico, sabía que había una fuerte vibración dentro y alrededor de mí. También sabía que la habitación era cálida, pero en mi estado meditativo, sentía como si estuviera directamente bajo un gran sol central. Debido al fuerte aumento de la temperatura, mi cuerpo físico sudaba profusamente. Mi ropa estaba empapada, y sentí la vestimenta adherida a diferentes partes de mi cuerpo. Cuando me concentré en la transpiración, comencé a sentirme bien, y la temperatura de mi cuerpo pareció estabilizarse, llevándome a un estado de conciencia en el que mi cuerpo abandonó mi mente.
Cuando mi mente comenzó a separarse de mi cuerpo, sentí una tremenda fuerza dentro de él, similar a una sacudida magnética. Entonces mi fuerza

mental pareció estar tirando de mi cuerpo físico, y tuve la sensación de viajar. Durante el tiempo que viajaba, solo con mi cabeza y mente, parecía estar en un profundo estado de meditación. En ese lapso sabía que estaba sentada en mi habitación, pero no podía sentir la ubicación exacta donde se unían o se encontraban mi cuerpo físico y mi espacio para sentarse. Viajé de esta manera durante lo que pareció ser un largo tiempo. Entonces todo se detuvo y repentinamente sentí que el cuerpo físico y la mente eran uno. En este estado, fui llevada a la conciencia de que había llegado y que la energía sin forma, invisible y vibratoria aún estaba dentro y alrededor de mí. Esa meditación fue el comienzo de una interesante relación entre El Armónico y yo.

Al llegar, lo primero que vi fue el punto más alejado y más estrecho de un río. La corriente del río fluía hacia adelante y luego, curvándose el río, el agua se dirigía hacia mí. Pude sentir que cada gota de agua era serena y se unía armoniosamente dentro de la corriente del río. El agua parecía estar fresca, y aún cuando tocaba mi cuerpo, se sentía cálida y aterciopelada. Entonces noté que estaba percibiendo las cualidades del agua a través de todas mis facultades humanas y así yo era una con la corriente del río. Durante esa realización, fui consciente de que, al seguir sintiendo con todas mis facultades humanas, la experiencia se volvía más real y más vívida. En medio de ese preciso momento, unas palabras fueron audibles en mi cabeza. Y decían:
• "Eres un médico celestial, eres uno con la autoridad dentro de ti".

Las palabras estaban en la forma de un pensamiento, que apareció de la nada y se escuchó dentro de mi cabeza. En la primera fase de este proceso, las palabras fueron la única fuente de sonido que percibí. Fueron pronunciadas suavemente, como si alguien susurrara dentro de mi cabeza. Noté que las palabras llegaron como un torrente cuando comencé a sentirme uno con el agua.
Cuando escuché el sonido, pensé que provenía de mí, y me pregunté a mí misma: "¿Dije eso?"
Luego, cuando conscientemente fui una con la experiencia, escuché otro flujo de palabras. Esta vez, la frase parecía responder a la pregunta que

me había hecho. Las palabras decían: "A medida que fluye la corriente del río, también mi conciencia fluye".

En ese estado meditativo, mi mente escuchó y entendió el significado de la frase. Esta vez, las palabras me dejaron muda, algo dentro de mí entendía la frase, y no había nada más que decir.

Durante los siguientes minutos, mi recuerdo fue vívido. Sin embargo, por un breve momento, mi mente recordó a Macbeth,[1] una famosa obra que había leído muchas veces. En Macbeth, la tragedia de Shakespeare, hay una escena cautivante donde un hombre, que fue asesinado por Macbeth, se le apareció en forma fantasmal. El hombre parecía físicamente vivo y muy real. En la cena, a excepción de Macbeth, nadie pudo ver la figura de este hombre. Macbeth intenta desesperadamente que otros lo vean, mientras tanto, su esposa, Lady Macbeth, se irrita cada vez más con el comportamiento de su esposo.
Entonces, llegando a su límite y en un tono furioso, le susurra a su esposo: "Este es el verdadero cuadro de tu miedo… cuando todo ha sido dicho y hecho, tu solamente ves el banquillo".
En su desesperación, Macbeth responde agresivamente: "¡Tan cierto como que estoy aquí, yo le he visto!".

Después de la experiencia de aquellas palabras, comencé a notar que el agua en la corriente del río se sentía como si también estuviera fuera de mí. La investigación posterior de este punto me dice que existen en el espacio ciertas frecuencias vibratorias más altas que se pueden captar fácilmente como sonidos o como imágenes. En esta coyuntura, surge la pregunta filosófica: cuando dormimos y soñamos, ¿no vemos las cosas en nuestra conciencia? Incluso cuando estamos completamente despiertos, podemos ver imágenes vívidas en la conciencia. En cualquier caso, despierto o dormido, no es la cosa en sí misma lo que percibe nuestra conciencia interna, sino un sonido vibratorio que forma una imagen simbólica, que a su vez es una imagen vívida de ella.

Luego, tras una observación más cercana, me di cuenta de que en realidad veía un estanque de agua. Dentro del mismo, vi un centro verde terroso muy bien decorado, similar al tipo que se ve en una jaula para aves. El agua del estanque era tranquila, y varios patos vadeaban en el agua. Mientras ellos disfrutaban de cada suave movimiento, su desplazamiento daba la ilusión de que se deslizaban sobre el agua. Moviéndose de manera circular, el agua creó la ilusión de anillos de plata que rodeaban el ornamentado centro verde terroso.

Cuando me di cuenta de que el movimiento de los patos creaba una corriente y que la corriente movía los patos, fui capaz de percibir la fuerza de vida de El Armónico trabajando armoniosamente entre dos expresiones de vida distintas. También entendí cómo El Armónico vivía dentro y alrededor de mí como un estanque de agua escondido, cuya corriente de conciencia oía dentro de mi cabeza.

Hace pocos años atrás, los científicos habrían ridiculizado la idea de que alguien escribiera sobre la curación física a través del conocimiento directo. Durante mucho tiempo, los científicos creyeron que las energías y los poderes en el cuerpo humano se debían a reacciones químicas de oxígeno con otras moléculas. El asunto del conocimiento directo se consideró un regalo "divino" y en su opinión no había bases científicas para su éxito, ya que el mismo resultado no puede repetirse.

Como médico celestial, que emplea sus facultades espirituales en su trabajo, el conocimiento directo es una de las herramientas científicas que utilizo para encontrar el lugar de la enfermedad del paciente. La premisa de mi teoría se basa en la idea de que, en la naturaleza, lo que es absurdo según nuestras teorías, no siempre es imposible. "… los hechos… existen y pueden no significar nada para otros. Incluso sucede que, un hecho u observación, permanece mucho tiempo bajo los ojos de un hombre de ciencia, sin inspirarlo de ningún modo; luego, de repente, llega un rayo de luz, y la mente lo interpreta de manera muy diferente y encuentra relaciones totalmente nuevas. La nueva idea aparece con la rapidez del rayo, como una especie de revelación repentina".[2]

Mi teoría fue un súbito descubrimiento basado en tres hechos científicos importantes que, hasta entonces, significaban muy poco para mí. Durante muchos años de curación espiritual, trabajé silenciosamente y no pregunté nada acerca de lo que otros percibían como regalo divino. Al investigar la enorme profundidad del campo electromagnético de energía, se reveló mi propio método de curación. En esta revelación, la frecuencia de las ondas energéticas personales se manifestaron por sí mismas y mis teorías de curación espiritual se convirtieron en temas válidos de exploración.

La visión onírica del estanque de agua fue, para mí, un método para explicar el principio de la vida. Me condujo a mi propio camino y me dio un nuevo enfoque a mi vida. El último aspecto de mi teoría sobre la curación espiritual se relaciona con el principio o el camino que uno está conduciendo en la vida. Es importante señalar que, un principio en la vida, puede definirse como un pensamiento que impulsa al individuo a un curso de acción inexplicable. También guía el sistema de creencias de la persona y las ideas que acepta como verdaderas. Esta visión proporcionó un eslabón perdido en mi teoría de la curación espiritual. Una vez que entendí las imágenes simbólicas de la visión onírica, se convirtieron en un aspecto de mi teoría, y ésta entonces se completó.

La siguiente pregunta lógica podría ser: "¿Podemos sintetizar nuestra conciencia a través de nuestras experiencias de vida?" Al plantear esta pregunta, le dice al lector que uno está vivo. Plantearse esta pregunta no solo confirma que estamos vivos, sino que, además, significa que nuestras experiencias de vida corresponden a la naturaleza propiamente humana. Por lo tanto, resumir la propia experiencia de vida es describir las cualidades de uno mismo. Además, es una descripción que depende de la comunicación verbal; por lo tanto, en la descripción, la experiencia se distancia de nuestra conciencia y manifiesta su realidad. La creencia es que en nuestro biocomputador humano cada pensamiento es creado por cada individuo y, a medida que creamos, también se crea nuestra realidad. El resultado siempre está relacionado con la evolución de nuestra alma. Según esta creencia, las preguntas más lógicas son:

- ¿Qué es una forma de pensamiento?
- ¿Cómo responde nuestro biocomputador a los pensamientos?
- ¿Cuál es el mejor método para responder a una forma de pensamiento?

Si Ud. investiga estas cuestiones, encontrará las respuestas en este libro. En el concepto de las preguntas anteriores, se encuentra la respuesta a una cuarta pregunta: "¿Es la conciencia colectiva un ser, como lo es el ser humano?"

En nuestra conciencia humana hay un biocomputador incorporado que programa cada espacio en el tiempo. Lo que la persona experimenta en su biocomputador es el concepto individual de ese programa. Un ser humano difiere de la conciencia colectiva en su rol. En la conciencia humana, el ser es una fuente secundaria, mientras que en la conciencia colectiva, el ser es el efecto de una fuente secundaria. Por lo tanto, la respuesta a esta pregunta es "sí", la conciencia colectiva es un ser, como lo es el ser humano.

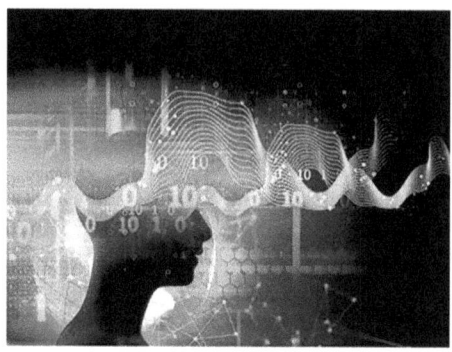

6.
Yo Y El Poder De El Armónico

"La emoción más hermosa y más profunda es la sensación de lo místico"

—Albert Einstein

Esta historia tiene muchas preguntas que despertarán interrogantes en el lector y cuyas respuestas, al final del capítulo, él mismo encontrará. Espero que arrojen luz sobre su vida y sobre aquellos que tiene el privilegio de conocer.

Como de costumbre, este viaje comienza un jueves; todos en mi hogar iniciaban su rutina diaria. En mi calendario, tenía un seminario programado para las once de la mañana y había planeado dormir más de lo acostumbrado. Cuando desperté, eran las ocho y media de la mañana, mis tres hijos y mi esposo ya se habían ido, y estaba sola en la casa. Después de desayunar, me preparé y salí de la casa rumbo al seminario.

Al salir, recordé de pronto que el seminario había sido cancelado. Esto significaba que estaba muy atrasada para llegar al trabajo. En estas situaciones, la escuela generalmente llama al supervisor encargado y él, a su vez, llama al distrito en busca de una enfermera de reemplazo. Regresé

a casa y llamé por teléfono a mi trabajo. Cuando la administradora de la oficina contestó, le dije:
- "Valeria, soy Alexandra; te llamo para decirte que estoy sumamente atrasada, pero voy camino a la escuela".
- "Sí, Alexandra, gracias por llamar", respondió ella.
- Entonces le dije a Valeria: "Dígame, ¿hay alguien esperando en mi oficina para atención de urgencia?"
- "No, Alexandra, no hay nadie en su oficina ahora. Tuvimos cuatro accidentes en el patio de juegos, y Miss Castle (la directora) envió a dos estudiantes a casa para atención de urgencia. Otros tres estudiantes fueron atendidos por los maestros en tu oficina, incluido uno que fue enviado a casa por el profesor. Ahora, todos los estudiantes están en sus respectivas clases y todos los maestros están presentes", informó.

Al enterarme de las lesiones en el patio de recreo, comencé a angustiarme por lo que había causado a otros, y quise explicarle a Valeria que mi tardanza fue un error involuntario de mi parte y que me preocupaba la escuela y sus alumnos.
- "Parece una mañana muy activa. ¡Estoy agradecida de que Miss Castle y los profesores estuvieran presentes! Espero que esos estudiantes no hayan resultado gravemente heridos", dije.
- "Valeria, no recuerdo ninguna reunión programada. ¿Me perdí de alguna?", pregunté.
- "¡No se ha perdido ninguna reunión! La señorita Castle está haciendo rondas especiales con el Sr. Clark (el subdirector) con respecto a nuestras rejas protectoras y los incidentes del patio de recreo", respondió ella.
- "Hablaré con Miss Castle y los respectivos profesores para conocer lo que ocurrió y resolver cualquier problema que surja al respecto", dije.
- "¿Recibió una llamada del distrito?", pregunté.

- "No, Alexandra, el distrito no ha llamado", respondió ella. "Y no hemos pedido un reemplazo", agregó.

Luego, cuando Valeria me aseguró que no se había llamado por un reemplazo, solicité:
- "Espere hasta que el distrito haga su llamada de rutina. Los llamaré lo antes posible".
- Ella dijo: "No hay problema, me encargaré personalmente de ello".

Después de hablar con la administradora de la oficina, llamé al distrito escolar y hablé con mi coordinador de área. Le dije lo que había sucedido y que tenía la intención de ir a trabajar. Le solicité que no enviara una enfermera sustituta, ya que me iba inmediatamente después de nuestra conversación. Ella estuvo de acuerdo, y me fui al trabajo.

Cuando encendí mi auto, el reloj del tablero mostraba las nueve y cuarenta y cinco de la mañana. El automóvil partió y comencé mi habitual viaje de una hora al trabajo. Decidí tomar la autopista, ya que estaba atrasada. La autopista siempre está congestionada en la mañana temprano, y estaba acostumbrada a conducir por las calles laterales; pero dado que a esa hora del día la autopista sería la ruta más expedita, pensé que el viaje sería mucho más fácil y rápido por ella.

Entré en la autopista y noté que estaba repleta de vehículos. En mi mente me preguntaba cómo resolvería eso. Así como iban las cosas, llegaría más tarde de lo que esperaba. Pensé en salir de la autopista, pero sabía que tendría que conducir bastante lejos antes de la próxima salida. Conociendo y creyendo en la Ley de Murphy, decidí relajarme y disfrutar del viaje.

Me pregunté por qué había olvidado la cancelación del seminario cuando yo tenía una agenda diaria de todas mis actividades laborales y domésticas. Mientras tanto, los pensamientos en mi mente eran preguntas sobre qué más había olvidado. Estas se movían rápidamente en mi cabeza y, entretanto, el tráfico se detuvo. Tan pronto como comencé a relajarme, noté que el tráfico se había puesto lento, y durante ese tiempo, percibí un sonido extraño en mis inmediaciones que había escuchado antes.

En vista de lo que estaba sucediendo, pensé que el raro sonido advertía que mi auto no funcionaba bien. Escuché atentamente por si necesitaba realizar una parada de emergencia en la autopista, pero no pude localizar el origen del sonido. Aunque el día había comenzado con mi olvido de que el seminario había sido cancelado, esperaba no haber olvidado nada más. Sin embargo, pensé de la última vez que había reparado mi automóvil, y recordé que mi esposo había trabajado en mi auto a principios de mes. En ese momento, mi vehículo funcionaba correctamente, y mi esposo llevo a cabo la mantención de rutina. Asimismo dijo que todo estaría bien hasta la próxima mantención. Por supuesto, dicho recuerdo también estaba sujeto a la Ley de Murphy.

Para ir más a gusto, comencé a cantar la melodía "¿Alguna vez supiste que eras mi héroe?", de un casete de The Alliance. Mientras tanto, en el automóvil, el extraño sonido aún era audible y no tenía idea de dónde provenía. Miré por la ventanilla de mi auto y, frente a mí, estaba el extraño sonido. Lo vi, fuera de mi automóvil, como una clara luz amarilla dentro de una materia eléctrica blanca, rodeada en su periferia por una radiante línea de intensa luz anaranjada; sin embargo, la escuché dentro del automóvil. El sonido tenía una ondulación apacible que creaba una nube de humo a medida que su color cambiaba del blanco a los matices oscuros de un naranja iridiscente y luminoso. El humo anaranjado de la nube parecía ser de un material viscoso, translúcido y coloidal. Traté de enfocarme en el sonido audible dentro de mi auto y recordé que antes lo había escuchado. Era el sonido vibratorio de la presencia sin forma que, habitualmente, estaba alrededor y dentro de mí.

Entonces pensé en la nube de humo que vi fuera del automóvil. Durante lo que pareció ser un lapso de varios minutos, el humo naranja de la nube estuvo frente a mi automóvil; sin embargo, el sonido venía desde el interior. Entonces los vehículos comenzaron a moverse y rápidamente abandonaron la autopista quedando sola en ella. Continué mi camino solitario al trabajo y el sonido permaneció audible durante el resto del tiempo que conduje; aún así, el viaje fue seguro y agradecí al automóvil por llevarme a la escuela y su perfecto funcionamiento. Al llegar y al momento de ingresar a la escuela, el apacible sonido desapareció. Logró que los silenciosos patios de la escuela parecieran tranquilos. Y esto significaba que las clases se desarrollaban normalmente en toda la escuela. Conduje a través del estacionamiento y dejé el auto en mi lugar respectivo. Cuando apagué el motor, reparé que el reloj de mi automóvil mostraba las nueve y cuarenta y cinco de la mañana y que el cronómetro seguía contando los segundos. En mi mente surgieron otras preguntas:

- ❖ ¿De dónde vino el sonido?
- ❖ ¿Cuál es el significado del sonido?
- ❖ ¿Por qué veo un color naranja intenso?
- ❖ ¿Qué pasó con el tiempo?
- ❖ ¿Soy algo anormal de la naturaleza? ¿Soy única? ¿O hay otras personas como yo?

Las respuestas a estas preguntas son:
Para responder a la primera: ¿De dónde vino el sonido?, regresaré a la visión onírica que describí en el capítulo cuatro. En esa visión, la mujer con pelo abundante apareció cuando yo tenía preguntas que buscaban respuestas. Ella, miembro de la familia El Armónico en mi camino, fue quien respondió mis preguntas. Antes de su aparición, Victoria, la mujer con voz suave y melodiosa, estaba conmigo. Durante su aparición, fui consciente de un sonido que interpreté como un sonido de paz. A lo largo de la visión, la aparición de las dos mujeres estuvo conectada con el sonido de paz. Cuando fui consciente de dicho sonido, la mujer melenuda respondió a mis preguntas, como si le hubiese hecho las preguntas personalmente. En retrospectiva, pienso que el apacible sonido proviene de Victoria, la mujer con la voz suave y melodiosa. Esta respuesta puede parecer muy ambigua al lector, pero a medida que lea podrá ver su exactitud.

La respuesta a la segunda pregunta, ¿cuál es el significado del sonido?, también está relacionada con la visión que describí en el mismo capítulo. Ahí, la mujer de voz suave y melodiosa era la que pedía respuestas a mis preguntas. Ella parecía estar en sintonía con mis pensamientos. Cada vez que los pensamientos en mi mente comenzaban a preguntar, me llamaba la atención el sonido que surgía alrededor de Victoria. Luego, cuando fui consciente del sonido apacible, apareció la mujer con abundante cabellera. Su presencia siempre estaba relacionada con tal sonido; por lo tanto, creo que dicha mujer respondía a ese sonido. En retrospectiva, ahora, pienso que la mujer de voz suave y melodiosa también está en sintonía con mis actividades diarias.

El significado del sonido de paz está relacionado con todas mis curaciones celestiales; algunos de mis pacientes escuchan el sonido también. En sus comentarios, los pacientes mencionan sentir y escuchar tal sonido. Dicen que durante la sesión de curación, parecía provenir de mí un sonido apacible. En algunos casos, el sonido duró entre uno a tres minutos después de las sesiones. Algunos de mis pacientes también contaron que durante todo ese silencio tuvieron internamente una indescriptible sensación de que sus preguntas eran contestadas. Los mismos agregaban que durante la sesión, el sonido siempre estaba en la sala. El significado del sonido es una pregunta difícil de responder, y por ahora, lo dejaré sin respuesta hasta más investigación.

La tercera pregunta: ¿por qué veo un intenso color naranja?, sigue siendo un misterio para mí. Como recuerdo, el color naranja es el complemento del color azul; el naranja representa la inteligencia perfeccionada por el hombre, mientras que el azul representa al hombre perfecto. El naranja es el color que irradia a través de los tres mundos: mental, emocional y físico. La purificación del pensamiento se representa por el color naranja, y una persona con un cuerpo mental limpio y vibrante emana un campo áurico naranja. Significa también el fuego material, y el fuego transmuta, por lo que dicho color es una espléndida elección para transmutar la claridad de los pensamientos y la precisión en presentarlos. Por último, la frecuencia vibratoria del naranja juega un papel importante en la curación espiritual de varias enfermedades.

La cuarta pregunta: ¿qué pasó con el tiempo? No es fácil de explicar. Durante cada experiencia real, en todas mis visiones oníricas, he notado que el tiempo se detiene. Deduzco de esto que mientras mi conciencia viaja, no tiene un marco del tiempo en ese continuum espacial; sin embargo, cuando viajamos o realizamos un trabajo en este mundo físico, nuestro concepto de tiempo sigue funcionado. Si esto es así, entonces la pregunta ¿qué pasó con el tiempo?, necesita una respuesta.

Eso me lleva a otra pregunta: "¿Por qué El Armónico tiene un sonido de paz?" Esta pregunta también se relaciona con las visiones descritas en el cuarto capítulo. En esa visión, la familia El Armónico era una mente completa que percibía los pensamientos de los demás integrantes. Sus pensamientos eran escuchados por todos los miembros de la familia. Es similar a la forma en que percibimos los pensamientos de otros en nuestras mentes. Tal capacidad es la razón por la que dejo de sentir la visión a medida que ésta se desvanece.

Creo que El Armónico es la voz que escucho clariauditivamente (en forma auditiva espiritual). En El Armónico hay un sonido que puedo interpretar. Sus imágenes simbólicas son las palabras de un lenguaje que veo clarividentemente (en forma visual espiritual). A través de El Armónico, se transmite una sensación de paz que mis pacientes experimentan como un sonido silencioso. En este silencio, las preguntas salen a la superficie y sus respuestas se revelan.

Por último, compartiré las siguientes creencias para responder a las preguntas: ¿soy una persona anormal de la naturaleza? ¿Soy única?, o ¿Hay otras personas como yo? Comenzaré diciendo que soy como cualquier otro ser humano. En mi vida terrenal, tengo los mismos factores exigentes que este planeta demanda a todos los seres humanos. Debo llenar el automóvil con gasolina, tomar un baño, llevar a mis hijos al médico y preparar una comida balanceada a mi familia. Como todos los demás, tengo que respirar para poder existir. Mis deberes como ciudadano también son los mismos que las demás personas. Voto, cumplo con mi deber de jurado y acepto las leyes de las comunidades federales, estatales y locales. Además, debo pagar mis cuentas, comprar alimentos, limpiar mi casa y pagar impuestos. Al respecto, hay otros como yo, y siento que no soy una persona anómala de la naturaleza ni un caso único.

Los relatos de este libro muestran el pensamiento como una forma viviente que tiene conciencia. A lo largo de las explicaciones, las formas de pensamiento se relacionan con mi vida y en el contexto de un ser viviente. En las visiones oníricas, mis pensamientos cobraron vida y posteriormente vivieron en mi biocomputador humano dictando mi nuevo comportamiento. Estas narraciones se dan para describir un modelo terapéutico particular que cualquiera puede usar para curarse a sí mismo.

Como sanador celestial, mi trabajo es similar al de otros terapeutas en el ámbito de la medicina integrada. El Armónico ha sido el camino que me condujo a mi propia curación celestial. Al seguir este camino, las dimensiones de mi trabajo como terapeuta celestial han aumentado, y por ello soy una mejor enfermera registrada. A mi alrededor hay una materia invisible sin forma que tiene conciencia. Este poderoso ser me permite sanar con la facultad celestial del conocimiento directo. Como ser humano, tengo los mismos dones y herramientas que cualquier otro. El camino que recorro como terapeuta celestial es también un sendero que otros pueden seguir. Por lo tanto, dado que El Armónico también está dentro de todos y cada uno de nosotros, en ese aspecto, soy como cualquier otro terapeuta que elige caminar esta senda. Por lo tanto, no soy un ser anormal de la naturaleza y tampoco soy única.

Estamos en un mundo creado por nuestras imágenes mentales y en un cuerpo que responde de la misma manera. Cada imagen simbólica que percibimos emana de una presencia que mora dentro de nosotros. En nuestras imágenes mentales están los pensamientos vivientes para guiarnos en cualquier situación dada. Estas son las creencias en nuestro biocomputador que nos impulsan y nos hacen comportarnos de la manera en que lo hacemos. El propósito de estas formas de pensamiento, a nivel mental, es simplemente labrar un camino por el cual podamos modelar nuestras vidas. En los eventos diarios de nuestras vidas, a medida que nuestros comportamientos se desarrollan ante nosotros, nuestros pensamientos pueden ser examinados y fortalecidos. Se examinan por varias razones, tal vez en algunos casos sin conocimiento consciente, pero en cada caso el individuo está buscando su validación. Las imágenes simbólicas son de varios niveles de conciencia; aunque su implicación puede ser la misma. Dado que cada individuo y cada forma humana de pensamiento comparte la misma conciencia, el patrón de comportamiento se puede observar de forma visible.

En este modelo conceptual, nuestros problemas son experiencias que nos dan oportunidades para evolucionar. En estos problemas podemos ver los mitos psíquicos bajo los cuales operamos. En consecuencia, de esta manera, nuestras formas de pensamiento erróneas salen a la superficie y sus respectivas verdades son reveladas. En esta búsqueda exploratoria, al final, la percepción que tenemos de cualquier problema determinará el mito psíquico que necesitamos sanar.

Además, pienso que El Armónico es el camino que estaba buscando. La búsqueda como un terapeuta celestial ha sido la misión de mi vida. Es El Armónico que percibo de manera consciente, alrededor y dentro de mí. Simplemente por ser un terapeuta celestial, modelé el camino para la familia El Armónico y respondieron de la misma manera. Cuando fui bendecida por su presencia, la vida que llevaba era la inspiración y la exhalación en este punto del espacio. Me convertí, en ese momento de mi vida, en un terapeuta celestial con todas las cualidades que cualquier otro sanador tiene el privilegio de seguir. Luego en mi vida, todas mis preguntas fueron contestadas, y todo lo que tenía que hacer fue inspirar y exhalar.

7.
"Mi" Olvida De Que "Nosotros" Somos

"Tú no eres una gota de agua en el océano, eres el océano completo en una gota de agua"

—Jalal Ad-din Muhammad Rumi

Varios años después, enseñaba un programa de enfermería para el Distrito Escolar Unificado de Los Ángeles (LAUSD), donde todos los estudiantes que ingresaban eran de undécimo grado. El programa fue acreditado por la Junta de Enfermería de California y, al finalizar, los estudiantes calificaban para el examen de licencia de enfermería del estado.

Aunque los estudiantes de cualquier escuela secundaria eran admitidos en el programa, en ese momento, solo cuatro escuelas de dicho distrito escolar participaron como sitios del campus. Como no se proporcionó transporte escolar, cada sitio del campus se ubicó estratégicamente para servir mejor y acomodar cada área en ese distrito escolar. Que yo sepa, ese programa era único, y el LAUSD era el único distrito escolar en California que había intentado dicho programa. En ese tiempo, yo enseñaba en el sitio del campus de South Bay.

El curso se impartió en segmentos de treinta horas por semana, y los estudiantes se reunían en un campus de la escuela secundaria para dar una conferencia y en un hospital acreditado para su internado clínico. Durante el curso completo, además de enseñarles enfermería, matemáticas relacionadas, inglés y ciencias, fui su único instructor didáctico y clínico.

Incluido en los fundamentos del curso de enfermería que enseñé, había un bloque de instrucción de dieciséis horas que enfatizaba la farmacología y el cálculo de las dosis de medicamentos usando el sistema métrico; a todos los estudiantes de enfermería les resultaba muy difícil dominar dicho bloque. Como resultado, el cálculo de las dosis de medicamentos era un área de preocupación para todos los instructores de enfermería de nuestro distrito escolar, tanto así que el tema fue un continuo debate entre nosotros.

Un jueves, después de llegar a casa del trabajo, estaba pensando en la dificultad que tenían mis alumnos para aprender a usar el sistema métrico. De acuerdo a mi observación personal, este grupo de estudiantes de enfermería no tenía nada de anormal. Aunque finalmente todos mis alumnos lograron dominar ese bloque de instrucción, cuando llegué a casa, ese día, me pregunté si mis alumnos estarían listos para el examen de la Junta Estatal de Enfermería.

Esa noche, me acosté como de costumbre, pero no pude conciliar el sueño. Sabiendo lo importante que era para mí descansar para el día siguiente, traté desesperadamente de conciliar el sueño leyendo, consumiendo leche caliente con canela e incluso contando ovejas. Para mi asombro, esa noche probé todos los remedios que conocía y descubrí que me mantenían despierta.

A las tres de la madrugada, durante aquella noche de insomnio, me vino a la mente un pensamiento que tal vez debería levantarme. El pensamiento venía de una voz dentro de mí que decía "Levántate", mientras que desde ese mismo espacio interior, escuché otra voz que me recordó lo importante que era el descanso para mí.

Siguiendo la voz dentro de mí que decía "Levántate", me levanté, y para usar mi tiempo sabiamente, decidí trabajar en un viejo proyecto. Si alguna vez ha tenido una noche de insomnio como esta, lo que sigue puede ser de interés para Ud.

Aquella noche, sin dormir, completé un programa de instrucción asistida por computadora (CAI). El programa CAI fue diseñado para estudiantes de enfermería del primer semestre, y les enseña a expresar las dosis de los medicamentos como proporciones, y calcular dichas dosis mediante el uso de conversiones equivalentes en el sistema métrico.

El programa CAI fue diseñado y desarrollado esa noche, junto con todos sus códigos matemáticos, ideas gráficas y módulos de programación informática. El producto fue diseñado para ser un complemento al texto básico de este programa de enfermería, y fue escrito específicamente a nivel de cualquier estudiante de enfermería de la escuela secundaria. Además, el nivel de comprensión y el banco de datos de preguntas también preparan a los estudiantes de secundaria para los exámenes de la Junta Estatal de Enfermería, en esa área de enfermería, porque los nueve módulos del programa CAI abordaron los temas de farmacología y cálculo de las dosis que se relacionan con cualquier paciente hospitalizado o ambulatorio, independientemente de su edad, enfermedad o la fase del proceso de la enfermedad del paciente.

La idea de agregar música, gráficos y una administración de archivos que realizara un seguimiento de las pruebas, los errores y los éxitos de un alumno también formaba parte del producto desarrollado en esa oportunidad. Esa misma noche, junto con las ideas, también fueron muy claras para mí el trozo de música particular, el diseño artístico y las rutinas de gestión.

Esa mañana, después de la finalización del programa CAI, las preguntas que permanecían flotando en mi mente eran:

- ❖ ¿Por qué sucedió un jueves?
- ❖ ¿De dónde vienen las voces?
- ❖ ¿Cuál es la explicación para el insomnio?
- ❖ ¿De dónde vino la sabiduría más elevada para ese proyecto?

Para mí, todas las preguntas anteriores eran muy oscuras y confusas. Serán explicadas en este capítulo desde el nivel de conciencia que obtuve esa noche de insomnio.

La primera pregunta: ¿Por qué sucedió un jueves?, lo explicaré como sigue. Todo comenzó cuando nací, un jueves. Cuando miro hacia atrás en mi vida, cada evento importante ocurrido en mi vida, se ha desarrollado o se ha implementado un jueves.

- ¿Es esto una coincidencia?
- ¡No lo creo!

En la India, el jueves se llama "Guruvar", que significa el día del gurú. Para mí, el jueves ha sido el punto en el espacio cuando tengo contacto con El Armónico.

La explicación a la segunda pregunta, ¿de dónde vinieron las voces?, es algo similar. Entre las voces que escuché y sentí, había una que era como esa breve oportunidad que se presenta y que a veces descartamos como loca. Pienso que estas voces representaban una extensión de mí y que ellas ampliaban mi espacio de curación para dejarme ver que, dentro de mí, había un juego de desafíos.

La voz que decía "levántate" tenía más validez y finalmente se convirtió en esa brecha de oportunidad. En mi explicación a esta pregunta, solo tengo que agregar que la voz que decía "levántate" venía de El Armónico. La otra voz provenía de mi propia creencia subconsciente acerca de la necesidad imperiosa de dormir ocho horas. Ambas explicaciones no pueden ser científicamente probadas por mí. Por lo tanto, dejaré que el lector encuentre una mejor.

Cuando me hice la pregunta siguiente: ¿Cuál es la explicación para el insomnio?, no tuve una respuesta sagaz ni digna de mencionar, en ese tiempo. Pero hoy siento que aquella noche de insomnio fue una forma de trabajar con El Armónico en un proyecto que iba a ser utilizado por muchos de mis alumnos. Pienso que mis estudiantes necesitaban urgentemente el proyecto y ese era el momento propicio.

La última pregunta, ¿de dónde vino la sabiduría más elevada para ese proyecto?, también se relaciona con El Armónico. No hubo respuesta a esta pregunta durante muchos años, pero hoy pienso que la respuesta se encuentra en el segundo aspecto de mi teoría conceptual de un patrón de desarmonía celular.

Este segundo aspecto son los variados cuerpos de hombres y mujeres en todas las dimensiones. En la medicina occidental, sanar a una persona implica que una parte del cuerpo físico necesita ser curada y/o restaurada. En nuestra creencia occidental, los diferentes cuerpos de hombres y mujeres no es un conocimiento común. Este aspecto es más aceptado en la medicina oriental. En esta teoría, hay siete cuerpos espirituales, un cuerpo físico y otro cuerpo en un estado de partículas de materia finamente conectadas. Cada cuerpo es una réplica de los otros, con anatomía y fisiología idénticas. Los cuerpos están dentro el uno del otro. Tres de los cuerpos espirituales están en frente del cuerpo físico y cuatro detrás. El cuerpo restante forma un éter en el que cada cuerpo puede tener existencia con sus partículas de materia.

En esta teoría conceptual, los cuerpos están en completa alineación cuando se encuentran en un estado de armonía física y psicológica. El mismo propósito específico para el ser está en cada cuerpo, y cada cuerpo responderá a la enfermedad en el nivel de comprensión que ha sido aceptado como verdad. El dolor, por ejemplo, puede sentirse en el cuerpo físico, aunque puede estar ubicado en uno de los otros cuerpos. Debido a que cada cuerpo reside en un plano y dimensión diferente, el alivio de un síntoma físico y/o psicológico no necesariamente significa una liberación de la enfermedad. Por lo tanto, en esta teoría, una enfermedad continuará prosperando cuando la desarmonía no sea visible o físicamente detectable.

En este concepto, la razón por la cual todos los cuerpos no son visibles a simple vista se puede explicar por la luz blanca del sol. Mi teoría postula que todo en el universo tiene una explicación. En el caso de la luz blanca del sol, las leyes y teorías de la ciencia de la física han demostrado científicamente su existencia y sus propiedades. El sol trae luz de este a oeste, y un rayo de ella se observa en el mundo físico a simple vista.

Cuando el rayo de luz se examina con más detalle, como lo hizo Sir Isaac Newton, por primera vez en 1666, los resultados muestran que la luz blanca del sol es una mezcla de colores. En numerosos estudios, este rayo de luz ha sido investigado por físicos. Sus hallazgos han revelado una corriente de partículas en movimiento que tienen las propiedades de color, movimiento de onda, magnetismo, electricidad, longitud de onda y frecuencia dentro de su espectro.

Además, los físicos encontraron que, en los dos extremos del ancho de banda de la luz blanca del sol, existen las frecuencias del ultravioleta y del infrarrojo que no son visibles a simple vista. Por lo tanto, el haz de luz visible no es más que una pequeña parte de un espectro más amplio. De la misma manera, así como un rayo de luz blanca del sol es visible al ojo y es solo una pequeña parte de un espectro mayor, así también el cuerpo físico visible es uno de los múltiples cuerpos del hombre. En otras palabras, hay rangos de luz blanca y cuerpos humanos que no son percibidos por el ojo humano. En tal teoría, estas otras partes del espectro de la luz blanca están dentro de los reinos de los cuerpos del hombre y pueden ser percibidas por las facultades espirituales.

Desde que tenía menos de cinco años, he podido utilizar las facultades espirituales para ver, oír, sentir y oler los múltiples cuerpos del hombre en "niveles desconocidos". Uso la frase "niveles desconocidos" porque a esa edad no era consciente de dónde o cómo esas imágenes simbólicas venían a mí. A esa edad, usando tales facultades espirituales podía determinar de dónde venía la enfermedad de una persona. En aquel tiempo, simplemente sabía que los símbolos y las imágenes que recibía eran muy confiables y que esa era la razón de mi éxito. Fue de esta manera que El Armónico se comunicó conmigo, pero esa fue la primera vez que tuve el privilegio de experimentar los múltiples cuerpos sin forma dentro de mí.

Aprendí de esta experiencia que en el sendero de vida de cada ser humano, el proceso de vivir una vida pacífica se encuentra dentro de nosotros. Esta experiencia me mostró que yo soy - con énfasis en el soy - yo soy más que un ser físico. Esto me dice que también tengo materia sin forma y más de un cuerpo. El cuerpo físico siempre está evolucionando porque los cuerpos invisibles trabajan juntos para sostener o mantener su sabiduría más elevada. Debido a que estos cuerpos son invisibles a simple vista, no tienen la oportunidad de expresar su experticia. Sin embargo, durante una noche de insomnio como la recién descrita, todos los cuerpos se unen y todos crean un proyecto de gran magnitud. El trabajo que se realiza durante una noche sin dormir, a menudo, es único. Tal trabajo generalmente tiene las cualidades de experticia en las áreas como la música, el arte, la educación y la ciencia. También tiene esos detalles únicos y cuidadosamente pensados que permiten que el proyecto se destaque. En nuestra vida, estos cuerpos siempre están evolucionando, porque colectivamente, "mí" es lo mismo que "nosotros". En otras palabras, el "mí" en nosotros se convierte en "nosotros", y así da la impresión que muchos profesores y maestros, con diferentes experiencias, están laborando juntos en el trabajo o proyecto.

Como soy una mujer sencilla, humilde, de inteligencia promedio, no puedo reclamar el crédito por el programa CAI que mi cuerpo físico diseñó esa noche sin dormir, ni puedo afirmar que sea su más alta sabiduría; sin embargo, pienso que hay una imagen simbólica no expresada y que no podemos ver. Es una materia invisible e informe que tiene una función específica que cumplir. Nuestro cuerpo físico está dentro de esta materia invisible y sin forma, y nuestra vida presente es un punto específico en el continuum espacio-temporal de su existencia. La conciencia de ese ser es la presencia que mora dentro de nosotros. Esta presencia busca continuamente la evolución espiritual de la materia invisible sin forma a través de la veracidad de sus formas de pensamiento. Entonces, cuando esto ocurra, una vez que hayamos alcanzado un nivel específico de conciencia espiritual, esta esencia se convertirá en nuestro prototipo de frecuencia.

Tal vez las palabras de Jalal Ad-din Muhammad Rumi (1207-1273) puedan expresar mejor mis sentimientos. El poeta sufí dijo: "Tú eres el espíritu incondicional que está atrapado en las condiciones; como el sol en un eclipse". Interpreto las palabras del poeta sufí diciendo que cada uno de nosotros es más que un cuerpo físico. Además, creo que el espíritu incondicional del que habló es la materia invisible e informe que percibo a mí alrededor y dentro de mí. En las palabras del poeta sufí, encontré la explicación de la presencia de El Armónico. Su afirmación fue también un factor motivador que estimuló las atractivas ideas que originaron la manifestación de este libro.

8.

Juraría Haber Escuchado A Los Pájaros Llorar

"Aunque el resplandor que en otro tiempo fue tan brillante, hoy esté por siempre oculto a mis miradas. Aunque nada pueda devolver la hora de esplendor en la hierba, de la gloria en la flor, no lloraremos, sino que encontraremos fortaleza en el recuerdo"

—William Wordsworth

Esta historia trata del concepto de la transmisión del dolor junto con la teoría básica de dicha sensación. Todos sufren en un momento u otro. Algunas personas sufren más frecuentemente y más intensamente que otras, pero el dolor es universal, un gran vínculo común de la condición humana. Primero, la percepción que tengo del dolor se da en porciones de un punto continuo en el espacio o en un "nuevo día". Es un argumento que facilita la comprensión de que otra forma de vida puede sentir dolor. En segundo lugar, la memoria que tenemos de una dolorosa experiencia de vida es la base de mi teoría. Es una teoría evolutiva utilizada como paradigma del concepto que tengo del dolor.

Teniendo en cuenta cuánto tiempo han vivido los hombres con dolor, es notable cuán poco conocimiento sólido han adquirido sobre su naturaleza esencial y sus efectos. El Instituto Nacional de Ciencias Médicas Generales, una parte de los famosos Institutos Nacionales de Salud del gobierno, señala que los hombres ni siquiera han llegado a un consenso sobre qué es el dolor. El dolor no es definible, a excepción por supuesto, de la definición que cada persona, interiormente, se da.

- El dolor para un biólogo es una señal sensorial que advierte, a una criatura viviente, cuando un estímulo dañino amenaza producirle una lesión.
- Por otro lado, un filósofo puede ver el dolor como una pasión del alma, un proceso emocional y una influencia moral.
- Para un médico, siempre es un mensaje para decodificar, interpretar y actuar.

Si el dolor ennoblece al espíritu humano dependerá de la respuesta de la persona. Si bien puede proporcionar ejemplos heroicos de fortaleza para algunas personas, puede desequilibrar a otros al punto de llevarlos a la locura.

Un estudio realizado por René Leriche muestra que el dolor no es menos doloroso por ser de origen psicosomático o imaginario. Uno de sus pacientes era un hombre que se quejaba de un dolor intenso en una parte específica de la mandíbula. Tras el examen de la quijada, parecía no existir una razón definida para el dolor. Los ataques no solo se volvieron más frecuentes, sino que en lugar de ser localizados, el dolor se extendió por todo el rostro del hombre… completamente degradado por el dolor y el miedo, terminó el resto de sus días y noches como un animal atrapado por la desesperación.

Ciertas partes del cuerpo físico son más sensibles al dolor que otras:

- El ojo, por ejemplo, puede detectar el grado más bajo de dolor.
- A menudo las heridas superficiales son más dolorosas que las profundas.

- Uno de los dolores más insoportables proviene de los espasmos causados por el cólico de cálculos renales.
- Algunos estudiantes del dolor creen que un hombre moribundo no siente dolor. Otros piensan que la sensación es casi total. Un hombre durante la ira no siente dolor de una herida hasta que su rabia se haya enfriado. El mismo hombre puede sufrir de agonía mientras espera su turno en la consulta de su dentista.

La cantidad de dolores, y su intensidad, que no se pueden curar está aumentando y continuará ocurriendo a medida que las personas vivan más años. El precio que pagamos por vivir más es una enfermedad degenerativa crónica. Una característica de las enfermedades más prevalecientes - el cáncer y la artritis - es el dolor crónico.

Los hombres han progresado en la comprensión de la causa del dolor. En siglos pasados, atribuía el dolor a espíritus caprichosos, que entraban a su cuerpo para atormentarlo. El hombre trató de divertir y aplacar a estos espíritus con elaborados rituales y sacrificios, e intentó mantenerlos alejados mediante tabúes. En la Edad Media, el hombre había llegado a considerar el dolor como un castigo. Se suponía, entonces, que quien sentía dolor lo merecía. La medicina moderna, de hecho, ve el dolor como un síntoma natural para ser diagnosticado y aliviado lo más rápido posible. Para el médico, leer correctamente el mensaje puede ser un asunto de vida o muerte. La interpretación errónea de un signo de dolor podría significar la muerte del paciente, por ejemplo, si un médico confundiera los dolores de un apéndice roto con un dolor de estómago común y le diera un laxante al paciente.

El libro "La Administración del dolor" del Dr. John J. Bonica establece que hay dos conceptos médicos del dolor: (1) El dolor es una señal de advertencia necesaria para la protección del cuerpo, y (2) el dolor es una enfermedad en sí misma. De acuerdo con esta fuente, el dolor puede ser uno o el otro en diferentes momentos y en la misma persona.

En la sociedad actual, la principal causa de discapacidad es el dolor. De acuerdo con Margo McCaffery (McCaffery, 1980), "El dolor es lo que sea que el paciente diga que es". Yo sigo los principios básicos de sus estudios del dolor. La Asociación Internacional para el Estudio del Dolor (IASP) define el dolor como "una experiencia sensorial, emocional y subjetiva desagradable asociada con daño de tejidos, real o potencial, o descrito en términos de daño" (IASP, 1979).

En este capítulo, examinaremos la sensación de daño que llamamos dolor, mientras intento explicar el concepto que tengo de una sensación dolorosa. En un estilo imaginativo y creativo, presentaré un ejemplo de una dolorosa experiencia de vida. El propósito de esta historia es triple: presentar y describir otro ejemplo de mis experiencias de vida; demostrar al lector cómo El Armónico se comunicó conmigo; e infundir una reacción emocional del lector a la experiencia de vida de otra forma viviente.

Desde mi punto de vista, esta teoría evolutiva es la explicación para sentir el dolor de otro. En esta teoría, el concepto de dolor es una sensación de dolor, que puede transmitirse desde una forma de vida a otra, a través del sistema nervioso. La teoría se basa en la creencia de que, en este mundo, no somos los únicos seres que pueden comunicarse. Si esta teoría es correcta, cada forma de vida tiene la capacidad de comunicarse con otras formas de vida; por lo tanto, cada forma de vida tiene la capacidad de transmitir, consciente o subconscientemente, cualquiera de las múltiples sensaciones, tal como el dolor.

La historia que sigue tiene lugar en mi casa durante una época que tuve dos sándalos en mi patio delantero. Aunque sus vidas se vivieron como árboles de sándalo en nuestro mundo físico, percibí que para ellos nuestro mundo era su reino espiritual. Según recuerdo, fui a abrir la ventana de mi sala de estar y vi que era un hermoso día despejado. Al mirar el antejardín, vi los dos sándalos y sentí la fresca brisa de la primavera. A menudo nos preguntamos si otras formas de vida son como nosotros, y en esos momentos tuve los mismos pensamientos.

❖ ¿Alguna vez se ha preguntado qué sienten los demás cuando tiene una sensación de dolor?

❖ ¿Puede el lector imaginarse un mundo en el que uno pueda escuchar el llanto de los pájaros?

Me pregunto si el lector alguna vez ha experimentado una comprensión visceral del dolor de su vecino. Si el lector lo ha experimentado, esta historia describe un mundo que puede ser similar al suyo.

Para conmoverse por esta teoría, simplemente necesita recordar historias en las que los animales le han advertido a sus dueños que alguien o algo los dañaría. En sus heroicos intentos de salvar a sus amos de un daño invisible, trataron de advertirles de distintas formas e incluso a costa de su sufrimiento. En algunos casos, el destino final de estos animales fue la muerte. Cada vez que yo leía estas historias, juntaba mis manos sobre mi rostro con incredulidad.

A medida que mi historia comienza, enfoque su mirada en un punto continuo en el espacio. Ahora, dese permiso para entrar en un mundo donde las diferentes formas de vida están conversando entre ellas. Luego imagine que, en este mundo, las formas de vida sienten pena por sus partes físicas. Por lo tanto, cuando viaje por este mundo, es posible que perciba solo una parte de otra forma de vida viviente. Esta historia imaginativa y creativa tiene lugar en mi hogar. Es una historia real sobre mi experiencia con un sándalo.

Y así, como "erase una vez un día", comienza la historia.
Y se inicia el día cuando recibí la noticia de que mi nuera Rosalyn, estaba embarazada. Todavía recuerdo el brillo en sus ojos y la alegría en el rostro de mi hijo, Jarred, cuando me contaron la buena nueva. Vi una tremenda alegría en ambos, y yo a su vez estaba muy feliz por ellos; la idea de tener un nieto fue, para mí, un suceso muy hermoso y bendecido. Casi al instante, mi mente adoptó la idea, y comencé a prepararme para mi primer nieto. En la primera etapa del embarazo, la preparación para su llegada me brindaba muchos buenos sentimientos, junto con el deseo de ver a mi nieto, y también esos sentimientos me proporcionaban una nueva y atractiva perspectiva de la vida.

Comencé a ver mi vida en la vida de mi nieto y el placer que el niño aportaría a nuestras vidas. Cada vez que pensaba en mi futuro, siempre estaba haciendo algo para mi nieto. Incluso lo incluía en mis asuntos cotidianos. En la tienda, miraba la ropa, los muebles y los juguetes de los niños, y me preguntaba si mi nieto encontraría placer en cualquiera de las cosas que creía que eran lindas, útiles o divertidas.

Una mañana, después de completar mis ejercicios rutinarios de yoga, me recosté sobre mi estera para descansar un rato, y casi al instante, vi luces que rebotaban como manantiales. Las luces eran brillantes y cada una tenía su propia cualidad distintiva. Se asemejaban a estrellas en miniatura que centelleaban sobre un fondo de oscuridad. Las luces parecían parpadear intermitentemente en un estilo rítmico bien organizado. Era casi como si estuvieran actuando para una obra diferente en el mismo escenario. Después de lo que parecieron ser horas, oí una voz que decía: "Esto es" y todas las luces desaparecieron. La voz era suave, melodiosa, baja como un susurro, y parecía provenir de una joven mujer. Durante los siguientes momentos, no vi más que oscuridad, y en esa "nada", sentí que mi cuerpo comenzaba a girar sobre su eje. Parecía rotar hacia la derecha y al mismo tiempo vibrar al unísono, con un fuerte tirón magnético hacia arriba.

En ese momento escuché un sonido que susurraba "Tú estás ahí" y me vi en una habitación conocida. Empotradas en las paredes, alrededor de la habitación, había varios equipos con los que estaba familiarizada. El lugar parecía ser una sala estándar de cuidados intensivos de un hospital. En lo que parecía ser una cama de hospital, se encontraba una mujer cubierta con una sábana blanca desde el pecho hacia abajo. La mujer parecía estar en apuros, tirando de las sábanas y revolcándose. Para explorar mi entorno, acerqué mi cuerpo físico a la mujer y me di cuenta de que estaba sola en la habitación, como si esperara dar a luz; sin embargo, ella no estaba en trabajo de parto sino más bien en apuros. Tras una observación más cercana, pude ver que la mujer en la cama del hospital era conocida, y entonces abrí los ojos como si hubiera despertado de un sueño.
Esa tarde, llamé a mi hijo y le pregunté sobre mi nuera. Él estaba muy ocupado en ese momento, y nuestra conversación telefónica fue breve, pero me aseguró que planeaban visitarme ese día, después de la cena. Cuando llegaron, me contaron de la situación del embarazo de Rosalyn y del progreso de mi nieto, y que todo estaba bien. Me sentí aliviada

cuando supe que Rosalyn era fuerte, saludable y no mostraba signos de dificultad en el embarazo y que mi nieto estaba sano y creciendo bien.

Les pregunté si habían considerado una persona de contacto, en caso de que el bebé naciera durante sus horas de trabajo. En ese momento, ambos trabajaban de día y no anticipaban ningún problema. Luego les di una versión reducida, pero tranquila de la visión que tuve, y Rosalyn sugirió agregar mi nombre como persona de contacto en el hospital, en caso de que mi hijo no estuviera disponible en el momento del nacimiento del bebé. En la sugerencia de mi nuera, vi un elemento de verdad, que sentí que era la razón de la visión. Tuve la fuerte sensación de que la visión recibida era prepararnos para la llegada de mi nieto.

Durante el tiempo en que el embarazo se acercaba a su término, continué preparándome para el nacimiento de mi nieto. Cada vez que hablaba con mis amigos y conocidos, nunca dejaba de mencionar que estaba esperando un nieto. En todas mis conversaciones con otras personas, a menudo les preguntaba sobre sus experiencias con sus nietos y sus ideas sobre ser abuela. Empecé a sentir mucho placer al saber que pronto sería como todos esos felices abuelos…y dejé a un lado la visión de mi mente.

Recuerdo claramente ese día hacia finales del mes de mayo, y también cómo y dónde ese punto en el espacio comenzó a cambiar. Durante todo ese jueves tuve la sensación de que alguien había entrado en mi vida. Y también, en aquel punto continuo del espacio, tuve una fuerte premonición de que mi vida nunca ya sería la misma. Mientras miraba hacia arriba, vi que un color azul comenzaba a cubrir todo el espacio visible del cielo. Vi cómo una niebla, profunda y espesa, de distintas tonalidades azules, envolvía a cada una de las nubes blancas. En cada parte del cielo, percibí un rítmico sentido del orden, y la nube azul daba a los cielos un tono armonioso. Cada nube parecía bailar acompasadamente con la misma melodía. Fue un día en que sentí que el cielo y su belleza eran parte de mí, y me sentí feliz de estar viva.

Los pájaros se saludaban con sus sonidos de música. Sus penetrantes gorjeos aún resuenan en mis oídos. Los pájaros parecían saber que el día recién comenzaba. Dentro de sus continuos tonos melódicos, se contaban historias, tal vez de años pasados. Sentí que sus recuerdos estaban llenos de muchas historias, de puntos en el espacio, en los que sus vidas habían sido parte de otras formas humanas. Había una sensación de felicidad en el aire, y la última experiencia de mi vida comenzaba en ese momento.

En el aire estaba el aroma penetrante de una fuerte y permanente fragancia de sándalo. El aire frío y fresco hizo que el olor penetrara en mi entorno. Para mí, el sentido del olfato tiene un significado más profundo y celestial. Nuestro sentido del olfato está muy desarrollado y es una de nuestras facultades espirituales más generosas. Con este pensamiento consciente en mente, recuerdo haber pensado que los árboles de sándalo dan su aroma incluso al hacha o cuchilla que corta sus ramas.

Según recuerdo, el día había comenzado: el inicio de un punto continuo en el espacio. En la periferia de mi visión estaban los sonidos de los fotones, que percibía como luz. En un punto distante del espacio había un hermoso cuerpo planetario que llamamos "estrella". La estrella brillaba y parecía estar acompañada de la luna. Ambos cuerpos planetarios parecían alejarse de mí hacia otro punto no visible en el espacio. Podía escuchar, tranquilo y poderoso, el movimiento del viento. Cuando el zumbido del viento fue audible, su presencia me llenó con el sonido de mi propia paz profunda.

Cuando retorno a aquel día, recuerdo haber pensado que las sombras azuladas del cielo comenzaban a responder a nuestras vidas con un matiz más profundo. El color más intenso del cielo me proporcionó una visibilidad fresca y clara de la atmósfera. El punto continuo en el espacio parecía tener una amplia extensión, y podía ver a kilómetros y kilómetros de distancia.

Varias especies de aves respondieron a la hermosa atmósfera y volaban de la nada. Era casi como si las aves hubiesen viajado desde muy lejos para participar en un evento especial y místico. Los pájaros y su canto me recordaron que habían jugado un papel importante en mi propia vida. Dentro de sus vidas yo había vivido la mía y comencé a recordar esos hermosos tiempos. Recuerdo haber pensado que los pájaros siempre cantaban como si estuvieran contentos de estar vivos. El Corán dice que cuando el ave abre sus alas en vuelo, está alabando a Alá. Y continúa diciendo que cada movimiento de la creación alaba a la fuente de la creación.

Fue entonces cuando comencé a sentir un dolor agudo en toda la frente. En cuestión de segundos, el dolor se extendió por toda la parte superior del torso y el abdomen. Con tremenda velocidad e intensidad, el dolor aumentaba hasta que fue demasiado para soportar. Dentro de este recuerdo, tuve la extraña percepción de que una parte de mí estaba siendo despojada. Vi la parte quitada como teniendo una cadena de relaciones en una mente y en esa extraña percepción tuve la sensación de que estaba hablando con mi amigo más cercano. Durante el dolor, recuerdo que solo quería ayudar a alguien. Percibí que ese alguien era una persona, y que yo quería ser lo que la persona hubiera querido que fuera.

Cuando las ondulaciones vibratorias de electricidad se convirtieron en una extensión de mis brazos, desde mi ventana pude ver los dos sándalos y me di cuenta de que estaba sintiendo al que llamaré "Xan". Recuerdo mi esfuerzo hercúleo de fijar la mirada en la dirección de los pájaros mientras volaban hacia Xan. Concentré mi mirada intensamente e intenté ver lo que pensaba que estaban viendo. Con todo mi esfuerzo, comencé a mirar ese punto abierto y vacío en el espacio. Traté de imaginar un mundo en el que el cuerpo físico de uno pudiera sentir dolor. Pero todos mis intentos fueron inútiles… No vi nada. Sin embargo, aún podía sentir el dolor insoportable.

En esa extraña sensación, era casi como si fuera uno de los sándalos. Podía sentir la brisa fresca mientras se movía a través de las frondosas ramas verdes. Podía escuchar el movimiento de las hojas y oler su aroma. Durante el contacto espiritual real, sentí una corriente de electricidad por todo mi cuerpo. Esa carga de electricidad era visible para mí. Y entonces… en ese punto preciso del tiempo, tuve la rara percepción de que a Xan le faltaba una parte, y que esa dolorosa sensación me había sido transferida.

Espero que el lector pueda imaginar todos los pensamientos que se me ocurrieron en ese momento. Mientras más pensamientos pasaban por mi cabeza, más preguntas tenía; sin embargo, mientras más preguntas hacía, menos respuestas recibía. En esas preguntas, sentí, estaban las respuestas ocultas a una parte de toda mi existencia. En lo profundo de mí pensé que si podía responderlas, el dolor que sentía por Xan podría ser localizado.

- Recuerdo haber preguntado en voz alta: "¿Cómo puede ocurrir esto?"
- "¿Es mía la imagen creada?", me pregunté mentalmente.

Los pensamientos que estaba teniendo parecían venir desde fuera de mí. Ellos forjaban las preguntas que me hacía a mí misma:

- "¿Realmente está el dolor en Xan?", me pregunté.
- "¿El dolor está en su mente?", concluí.

Y esperé… y esperé… y silenciosamente esperé… pero no hubo respuestas; así que… decidí descansar.
Después de lo que pareció ser un largo momento, me pregunté:

- "Alexandra, ¿dónde está el dolor?"

En ese momento, sentí que mi corazón latía rápidamente y que el área que rodeaba mi corazón se contraía tanto que comenzó a picar. Luego, después de lo que pareció ser varios minutos, casi como un destello de sabiduría, fui consciente de que mi mirada había vuelto al cielo. Cerré los ojos e hice un gesto con los brazos, como cuando por fin no hay lugar donde esconderse. Levanté los brazos hacia arriba y volví la cabeza hacia el cielo como pidiendo y esperando una respuesta. Imaginé que estaba extendiendo mi corazón a los cielos y comencé a rezar el Padrenuestro. Para cuando llegué a la segunda línea: "Que estás en el cielo", sentí una lágrima correr por mi rostro.

Luego noté que en la profunda y espesa niebla de variadas tonalidades azules, que rodeaba cada nube blanca, había un emblema. Cuando enfoqué mi mirada en él, en un instante, escuché una compasiva voz melodiosa. La voz susurró:

- "Xan, tú tienes una parte menos. ¡No es un producto de tu propia imaginación!
- "Sentir el dolor visceral dentro de otro es estar en contacto con su yo interno", continuó.

En esta experiencia, parecía estar hablando y mirando a alguien. Ese alguien no era de nuestro mundo. Aunque tenía la sensación de que mi cuerpo físico estaba en este mundo físico, la experiencia no era de este mundo. También sentí que lo que estaba sucediendo también daría una explicación para la profunda sensación de dolor que estaba experimentando. Como ajeno a este mundo físico, viajé a otro, mientras vivía y ocupaba mi espacio físico habitual. Durante esta experiencia, estuve rodeada por un intenso resplandor, por un campo de compasión áurico celestial de color verde azulado.

En ese momento, el viento se aquietó y el cielo se puso gris. Me di cuenta de que el cielo había cambiado de color. Noté que el tiempo había pasado y el cielo se había vuelto gris. Sentí que el sol había viajado al oeste. También vi que el punto continuo en el espacio había viajado hacia el oeste. El cambio de color del cielo me dijo que también estaban de luto por una pérdida.

El pensamiento que tenía sobre el dolor se puede describir solo a través de los conceptos de mi propia mente. De repente, me di cuenta de que, al experimentar una sensación de dolor, otra forma de vida puede responder de la misma manera. Todas las formas de vida experimentan la misma sensación de dolor. En esta creencia, durante una experiencia de dolor, otra forma de vida puede tener la misma sensación. El dolor, en este concepto, se usa para referirse a una sensación traumática física o psicológica. Supe entonces que estaba respondiendo a la sensación de un sándalo al cual algo le había sido arrancado. Mi cuerpo físico percibió el sándalo, y pude oler su aroma: yo estaba en completa alineación con el mundo de Xan. Era como si mis cuerpos espirituales hubieran cobrado vida.

- "¿Es posible que para experimentar el dolor de otro, uno debe estar en completo alineamiento con los mundos físico y espiritual del otro?", me escuché murmurar.

Durante mi observación del sándalo, vi y sentí su dolor. Con el árbol sentí una profunda conexión con el gris del cielo. Sentí que Xan me decía que una parte de mí había sido cortada.

Entonces un agudo dolor vino dentro de mí. Sentí que era el mismo dolor que Xan sentía. Con una fuerte frecuencia vibratoria, el dolor agudo se aceleraba ferozmente por todo mi cuerpo. Podía sentir, en las puntas de mis dedos, los lechos capilares bombeando sangre a través de mis brazos, con una vibración extraña, ondulante y que zumbaba. Además, es interesante notar que esta sensación fue más fuerte en la punta de los dedos y en el área que circulaba por mi corazón. Era un extraño dolor fantasma que parecía estar emanando de otra dimensión de la vida. Aún así lo sentí profunda y claramente en esta vida física.

En esta visión onírica, uno de mis recuerdos más vívidos es que, mientras las hojas verdes decoraban todas las ramas de los sándalos, los pájaros, en su dolor, emitían un zumbido. Recordé entonces la primera vez que escuche cantar a los pájaros, y era muy joven. Y aunque no puedo ya reproducir sus sonidos, las aves y su canto musical aún me llenan de alegría. Los pájaros me dieron una idea de mi ser interior, libre y con la capacidad de percibir y capturar el momento dado. No he olvidado cuán apacibles eran sus canciones.

Siempre tuve una sensación interior de una profunda paz, cuando los pájaros cantaban…

Y ahora… en ese glorioso jueves…
… en mi dolor, quería que los pájaros cantaran.
En cambio…
… podría jurar que los escuché llorar.

El siguiente miércoles por la noche, unas semanas antes de la fecha del nacimiento de mi nieto, tuve una llamada telefónica. Eran aproximadamente las nueve de la noche.

- Cuando respondí oí una voz que decía: "¿Mamá?"

Por teléfono, la voz sonaba llena de tristeza y muy llorosa, como si la persona hubiese estado llorando. En su voz había un profundo dolor que sentí fuertemente dentro de mí, e instintivamente supe que era la voz de mi hijo Jarred. Le dije:

- "Hola, Jarred, pareces triste. ¿Como estas?"
- Sus palabras aún permanecen en mis oídos. Él simplemente dijo: "Mamá, te necesitamos, perdimos al bebé".
- Respondí: "Los amo a todos, Jarred. Estaré en el hospital lo antes posible".

Me dio la información acerca del hospital y nuestra conversación telefónica terminó. De camino al hospital, comencé a revivir la experiencia que tuve el jueves pasado con Xan, el sándalo. Ahora, todo estaba claro como el cristal. El dolor había sido mi dolor todo el tiempo. Se originó en mí, y ahora, era consciente de ello dentro de mí. En Xan, había visto el reflejo de mi dolor. Estaba claro para mí, ahora, que el jueves anterior había sentido mi propio dolor.

Cuando llegué al hospital, fui a una habitación que me pareció familiar. Empotrados en las paredes, alrededor de la habitación, había varios equipos con los que estaba familiarizada. Era la sala de cuidados intensivos del hospital que había visto en la visión previa: acostada en la cama del hospital, Rosalyn estaba envuelta en una sábana blanca desde el pecho hacia abajo. Parecía estar en apuros, tirando de las sábanas y revolcándose. Cuando me acerqué a su cama, noté que estaba sola en la habitación como esperando dar a luz; sin embargo, ella no estaba en trabajo de parto sino más bien en apuros. En esa visión onírica, se me permitió ver la muerte de mi nieto. En retrospectiva, creo que la visión onírica fue un ensayo vestido de una dolorosa experiencia que estaba por venir: la profunda angustia de Rosalyn y el fallecimiento de mi nieto.

Ese día, el médico realizó una ecografía obstétrica de emergencia en mi nuera para determinar la condición del bebé. Utilizando una unidad Hatachi de alta resolución, examinó el útero a través de varias exploraciones longitudinales y transversales. El examen mostró lo siguiente:

- La presencia de un feto cefálico único, con el cuerpo y la columna vertebral al lado materno derecho y las partes al lado izquierdo.

- Un feto con aproximadamente treinta y tres a treinta y cuatro semanas de gestación sin actividad cardíaca.

- Ninguna lesión ultrasónicamente visible relacionada con la columna vertebral.

- Una cantidad normal baja de líquido amniótico.

- Sin ninguna dilatación observable de los ventrículos cerebrales.

- También se observó un aumento de la ecodensidad relacionada con la región de la placenta, indicativo de un desprendimiento.

- La placenta estaba en posición anterior, extendiéndose desde el cuerpo uterino superior al cuerpo uterino inferior.

- No había signos de placenta previa, pero estaba engrosada con señales de desprendimiento.

En base a los signos anteriores, el médico descartó la placenta previa y presentó un diagnóstico final de muerte fetal debido a un probable desprendimiento de la placenta. El bebé - un niño muerto en el útero - y el nacimiento tuvo lugar cuarenta y ocho horas y media más tarde.

Cuando nació mi nieto, tuve la maravillosa y privilegiada oportunidad de estar en su presencia divina, y tuve la suerte de poder examinar su cuerpo físico. Como instructora de enfermería, tenía una muy buena comprensión de la muerte física; varias semanas antes de la muerte de mi nieto, mis estudiantes estaban pasando por su rotación de enfermería obstétrica y habían completado las conferencias. Ahora las preguntas de los estudiantes eran más detalladas y de naturaleza física, y tuve problemas para responder sus preguntas específicas.

Logré responder todas las preguntas con la base a los libros de texto, pero en lo profundo de mí, no creía en mis propias respuestas. Las razones dadas en mis libros no satisfacían lo que me preguntaba a mí misma. Encontré que las palabras del texto se quedaban cortas; no podían explicar las razones de su muerte. Con mis propios ojos físicos, había confirmado que era la imagen perfecta de un recién nacido sano: no encontré evidencia física para esta muerte en el vientre. Aunque entendí el significado espiritual de la muerte de mi nieto, después de esta tragedia, sentí como si toda mi vida hubiera quedado destrozada y tuve problemas para encontrar una explicación y así aceptar su muerte.

Volviendo a la visión onírica de ese glorioso jueves, recuerdo que el cielo, el sol, los sándalos y los pájaros estaban de luto por una forma de vida. Cuando miré a mi alrededor, el tiempo había pasado, y sentí su dolor. El sol, como si estuviese de luto, en animación suspendida, congeló su posición y mantuvo una mirada silenciosa y fija. Mientras lloraba, todos estaban cubiertos de grandes y gruesas gotas de humedad, y todo el mundo estaba de luto por la muerte. Esa vida había sido parte de mí. Las formas de vida también estaban de luto por mi pérdida. En retrospectiva, pienso que esa experiencia fue un adelanto de un dolor dentro de mí que estaba por venir. La dolorosa experiencia de vida que acabo de describir ocurrió el jueves una semana antes de la muerte de mi nieto.

Lo que aprendí de estas visiones es que los Espíritus del Alma y sus formas de vida no giran en torno a ningún miembro de la familia extendida. El nacimiento de un Espíritu del Alma comienza con la misión en la vida que debe lograrse. Es un compromiso delicado entre las partes involucradas. La gracia, la misericordia y el perdón son necesarios para que, ahora y entonces, podamos apreciar el milagro de la vida.

Cada forma de vida nos trae paz; pero, la paz no solo se encuentra en la armonía. También se encuentra en el conflicto cuando éste es esencial para la armonía y el bienestar de cualquier situación en la que se encuentre, ya sea solo o en compañía de otras formas de vida. Vale la pena señalar que las leyes del universo no se pueden cambiar; todo lo que debe suceder en este plano físico siempre se realizará.

El año siguiente, me fue dada una segunda oportunidad de tener un nieto. Esta vez, el niño nació vivo, y todos estábamos muy felices; nuestra tragedia había terminado, y sentí que el bendito nacimiento fue nuestra recompensa. Mi nieto fue un niño al que adoré inmediatamente. Por alguna razón desconocida, me recordó a un fiscal de distrito, y comencé a referirme a él como "D A".

Tiempo después, el matrimonio de Rosalyn y Jarred terminó en divorcio, y sentí una vez más como si mi vida hubiera sido destrozada. Una vez más, me preguntaba por qué tendría que perder a mi nieto. Esta vez, la pérdida se debió al acuerdo de custodia entre los padres que afectó mis visitas a mi nieto. No lo pude ver tan a menudo como me hubiese gustado. No había sido culpa de nadie; fue simplemente el resultado de lo que, desafortunadamente, sucedió en su separación.

Y ahora…
… una vez más, quería que los pájaros cantaran.
… En cambio…
… podría haber jurado que los escuché llorar.

9.
Energía Universal

"¿Qué es el alma? Es como la electricidad; no sabemos realmente lo que es, pero es una fuerza capaz de iluminar una habitación"

—Ray Charles

A lo largo de mi vida, he escuchado muchas explicaciones respecto de la energía universal. En mis meditaciones, también he oído numerosas y profundas declaraciones. Sin embargo, no tenía ninguna evidencia que hubiese formas de vida, además de las mías, fuera de este mundo físico. Por lo tanto, no podía relacionarme con una vida invisible y sin forma que siempre había estado dentro y alrededor de mí.

Mis experiencias y las interrogantes nacidas de ellas, se convirtieron en un compromiso serio por buscar una energía vibratoria que otros no podían ver físicamente. Encontrar lo que parecía ser invisible, la vibración, se convirtió en el foco de un estudio independiente, profundo y penetrante. Fue en esta búsqueda que encontré las respuestas más relevantes y significativas a mis más profundas preguntas. La búsqueda, apremiante y seria, condujo al encuentro con una energía invisible y sin forma que llamé El Armónico.

Cuando se discute sobre la importancia de El Armónico, es importante comenzar con los diferentes aspectos relacionados del tema. Entre sus tópicos se encuentra la de la sustancia universal. La historia de la literatura científica del tema comienza con una revisión de lo que se cree que son las propiedades teóricas de la sustancia universal. En una energía vibratoria, como El Armónico, los conceptos de sustancia universal son esenciales; por lo tanto, exploraremos dicho concepto para llegar a esa vibración invisible e informe que percibo alrededor y dentro de mí.

Las cuatro religiones principales: Cristianismo, Hinduismo, Islamismo y Judaísmo, creen en el significado de la sustancia universal. En sus sagradas escrituras, se refieren a ella como la fuente original. Todas estas religiones reconocen el tema de la sustancia universal y su estudio está bien documentado en la literatura. En sus narraciones, nos dicen que el universo tuvo una frecuencia eléctrica desde el comienzo de los tiempos. No será mi intención formular teorías idénticas a estas Sagradas Escrituras. Sin embargo, vale la pena mencionar que estos libros están de acuerdo con la existencia de una sustancia universal que no ha sido explorada.

La Biblia Cristiana denomina a esta sustancia universal "el Espíritu Santo" y se refiere a ella como un aspecto de la Santísima Trinidad. Se dice que el concepto de Cristianismo surgió en la época que comienza con el año que anteriormente se pensaba que era el del nacimiento de su líder, el Maestro Jesucristo (4 a 6 a. C.).[3]

Los cristianos piensan que el Espíritu Santo es parte de un poder superior llamado Dios. De hecho, todas las diferentes confesiones, basadas en el Cristianismo, dicen que la omnipresencia del Espíritu Santo compenetra todo el universo. Se dice que la energía primordial del Espíritu Santo proviene de la forma muy fina de la materia en movimiento, y en los tiempos primitivos, el Espíritu Santo fue considerado una forma de materia aún más fina.

En el Hinduismo, la sustancia universal se llama "prana". En su libro, Vital Energy and Health[4] (Energía Vital y Salud), S. Sivananda es citado por el autor (Edward Mann) diciendo que "el calor, la luz y la electricidad son todas manifestaciones del prana"… lo que se mueve, funciona o tiene vida, no es más que una expresión del prana… Prana es el vínculo entre el cuerpo astral y el físico".[5]

Los Vedas son la antigua y sagrada literatura del Hinduismo. Fueron escritos en sánscrito alrededor del año 1000 a. C. y constan de cuatro colecciones de salmos, cánticos y fórmulas sagradas.[6] El Upanishad es una de las últimas traducciones védicas que tratan del hombre y su relación con el universo.[7] Destaca el panteísmo de la antigua Religión Hindú.

En la teología Hindú, Brahma es la esencia eterna del universo y la fuente de todas las cosas. Brahma fue desconocido para la antigua tradición Hindú, pero se convirtió en la adoración de los brahmanes. Entre los hindúes, los brahmanes son los que pertenecen a la casta sacerdotal. Al principio, los brahmanes se distinguían por su superioridad mental y espiritual. Pero a medida que pasó el tiempo, gradualmente se interesaron por captar el poder de la adoración pública, convirtiéndose finalmente en una clase estrictamente hereditaria. Hoy en día, los brahmanes se encuentran en diferentes ámbitos de la vida, y todavía tienen en sus manos los misterios de la sustancia universal.[8]

En la Cábala, la sustancia universal se conoce como "luz astral". La Cábala es una teosofía mística judía que se escribió alrededor del 538 a. C. Es básicamente una interpretación mística judía de las Sagradas Escrituras.[9]

La colección de escritos que constituyen las leyes civiles y religiosas judías se encuentra en el Talmud. El libro consta de dos partes. La primera fue compilada por los rabinos cerca del 200 d. C. y contiene sus interpretaciones orales. Esta parte se llama Mishnah y se conoce como el texto del Talmud. La segunda división se llama Gemara y consiste en un comentario sobre la parte anterior. El término Talmud a veces se limita solo a la Gemara.[10]

En el Talmud, se nos dice que "ningún lugar está vacío de Él", es decir, nuestro mundo está lleno de una fuerza de energía que llena cada punto de este continuo. En esta Sagrada Escritura, "Él" se refiere a un poder superior que algunas personas llaman Dios. En mi punto de vista, El Armónico aún no se reconoce como una frecuencia universal de curación. El Armónico, que percibo como vibración alrededor y dentro de mí, es parte de "Él", y como tal, lo experimento como sustancia universal.

Los chinos se han referido a la existencia de una energía vital desde el tercer milenio antes de Cristo. Llaman a esta energía vital "chi". En su forma más simple, "chi" significa fuerza vital o energía de vida vital. Se dice que es una forma sutil de electricidad que compenetra todos los organismos vivos y se extiende por todo el universo. El concepto chino de sustancia universal está profundamente enraizado en la cosmología Taoísta. Se cree que su creador, Lao Tse, nació alrededor de 604 a. C. En sus enseñanzas, el Tao es todo. Es omnipresente y es universal. La religión y filosofía del Taoísmo básicamente dice que "en el principio era el no ser, o el vacío. En ese vacío, vino un pensamiento. Nadie sabe de dónde vino ese pensamiento, pero puso las cosas en movimiento. En ese primer momento, se formó el chi".[11]

El taoísta, al igual que los budistas y los yoguis, considera que el universo no está compuesto de materia, sino de mente. En sus escritos, encontramos evidencia de su práctica con esta energía universal vital. Además, sus libros médicos[12] tienen diagnósticos de enfermedades en las que el "chi" es deficiente o desequilibrado. La experiencia del flujo de "chi", en los cuerpos de los antiguos maestros chinos, ha dado lugar a nuestra conciencia de la sustancia vital. Esta conciencia es el puente que conecta las creencias de los antiguos maestros chinos con las propiedades curativas de la sustancia universal.

En muchas de las antiguas enseñanzas esotéricas y místicas, se menciona tal sustancia vital universal. Entre las más famosas están las enseñanzas budistas, tales como: Zen japonés, Tibetano y las formas indias de budismo. Los japoneses llaman a esta sustancia vital "ki", mientras que en India, los budistas la llaman "prana". Su creencia es que un sistema viviente es creado desde esa sustancia universal y luego retorna a ella.[13] Sus enseñanzas han llevado a muchos adeptos a buscar esa energía vital.

Se dice que el Budismo comenzó como una especie de protesta contra el monopolio religioso y social de la casta brahmánica de sacerdotes en la India. Se dice que el maestro religioso indio Gautama Buddha (560-480 a. C.) es el fundador del Budismo y de las tradiciones budistas indias. Buda se menciona también tanto en el texto hindú como en la filosofía budista.[14]

La sustancia en la naturaleza que permite que ocurra la "universalidad" se ha llamado de muchas maneras. En este ámbito, la literatura investigada indica que en el universo hay una sustancia,[15] que necesitamos para subsistir.[16, 17] Los primeros pioneros fueron astrónomos cuya búsqueda los condujo a esa sustancia universal. En Europa, los pioneros astrónomos y filósofos, como Aristarco y Aristóteles. A medida que la historia se desarrolla, a partir de esas grandes mentes inquisitivas, sus enseñanzas han tenido un impacto en nuestro mundo.

En 260 a. C., el astrónomo griego Aristarco dijo que la Tierra y todos los demás planetas se movían alrededor del Sol, lo que era una teoría opuesta a la creencia común. Durante la época de Aristarco, se pensaba que la Tierra era el centro de todo. La creencia común era que el Sol y los planetas en el universo se movían alrededor de la Tierra. Aristarco sostenía la teoría de que, ciertos movimientos del cielo, podían explicarse suponiendo que la Tierra se movía alrededor del Sol. Aunque nadie le creyó, sus teorías se convirtieron en un desafío para aquellos cuyas ideas él mismo había criticado. En su concepto del esquema de las cosas, los griegos creían que el espacio físico en el universo no ocupado por la Tierra, los planetas, el Sol, la Luna y las estrellas era un "vacío de oscuridad". Su enfoque estaba en la Tierra y en el vasto "vacío de la oscuridad" aún no explorado.[18]

La siguiente contribución proviene del filósofo griego Aristóteles (384-322 a. C.). Las ideas de Aristóteles sobre la naturaleza fueron las primeras en ofrecer una imagen unificada completa del universo. Pensó que los planetas, las estrellas y la Tierra eran transparentes porque contenían una sustancia "también encontrada en el cuerpo eterno que constituye la capa superior del cosmos físico"[19]. Su premisa era que "un cuerpo transparente tiene potencia para transmitir luz, pero no se vuelve realmente transparente hasta que la luz pasa a través de él y lleva la transparencia a la acción"[20]. La teoría de Aristóteles fue la más influyente porque sentó las bases que dieron a los demás una razón para buscar la sustancia" transparente "del universo.

Después de varios siglos, a finales del siglo XVI y principios del XVII, los pioneros fueron astrónomos, alquimistas, científicos y filósofos como Nicholaus Copérnico, Paracelso, Gilbert William, Galileo Galilei, Johannes Kepler y René Descartes. Estos hombres fueron los primeros en colocar las bases de la ciencia moderna.

Primero llegaron las teorías del astrónomo polaco Nicholaus Copernicus (1473-1543). Él fue el primero en mostrar que los planetas se movían en los cielos. Reviviendo la idea de Aristarco de que la Tierra se movía alrededor del Sol, Copérnico publicó un libro que contiene sus teorías. En dicho libro, dedujo que a medida que la Tierra se movía alrededor del Sol, la posición de las estrellas tenía que cambiar. Copérnico creía que el giro de la Tierra sobre su eje explicaba el aparente ascenso y descenso de las estrellas y que, para ver el movimiento aparente de los planetas en los cielos, había que concebir que el Sol permaneciera estacionario y los planetas girasen alrededor. La influencia de su contribución fue un medio para que otros estudiasen las partes y la sustancia del universo.[21]

Por la misma época, Phillipus Aureolus Paracelsus (1493-1541) estaba haciendo un cambio revolucionario en las mentes de los médicos del siglo XVI. El famoso alquimista y médico suizo propuso que los minerales como el azufre, el mercurio y el hierro ofrecían mejores curas para los enfermos que las plantas, hierbas y raíces utilizadas en ese momento. Su creencia se basaba en "la teoría de que los poderes curativos de los minerales se debían a las propiedades electromagnéticas que heredaban de los cuerpos celestes".[22] La teoría de usar minerales para curar el cuerpo físico todavía se practica hoy por la misma razón.
Por la misma época, William Gilbert (1544-1603) nos ha dado las siguientes notas significativas. El científico británico concluye que todo el planeta es un gran imán con un vasto campo electromagnético que

se extiende entre los dos polos.[23] Gilbert fue el primero en introducir el concepto del campo magnético. Junto con este descubrimiento, inventó el electroscopio, que fue el primer instrumento para medir campos eléctricos. Su trabajo fue publicado en su libro, De Magnete.

Luego vino el astrónomo y físico italiano, Galileo Galilei (1564-1642), cuyos conceptos de inercia le valieron el título de padre de la física moderna. Galilei fue el "primero en cuantificar el mundo físico. Midió el movimiento, la frecuencia, la velocidad y la duración de todo, desde la caída de piedras hasta péndulos oscilantes (como el candelabro de su catedral)".[24] Su descubrimiento de los campos gravitacionales ha sido la primera clave para el empuje magnético de la sustancia universal.

A finales del siglo XVI, el astrónomo alemán, Johannes Kepler (1571-1630) comenzó a sentar las bases de la ciencia moderna. En sus diez años de investigación, Kepler descubrió las leyes empíricas del movimiento planetario[25] y demostró que Copérnico tenía razón en sus teorías. Desenvolvió la teoría de Copérnico explicando los movimientos observados de los planetas. Descubrió que cada planeta viajaba alrededor del Sol en un camino llamado elipse. Su descubrimiento de la ley que rige la variación de la velocidad durante la rotación, mostró que el planeta solar barre áreas iguales en períodos iguales de tiempo. Ese descubrimiento se convirtió en el primer paso hacia la búsqueda de la causa del movimiento planetario.

Casi al mismo tiempo, el filósofo y matemático francés René Descartes (1596-1650) presentó sus teorías de la sustancia universal al mundo. Descartes creía que "todo el espacio estaba lleno de glóbulos de un material llamado éter que podía transmitir fuerzas".[26] Él describió el éter como un continuum espacial en el que un punto específico podía identificarse por sus coordenadas". René Descartes fue quien desarrolló muchas de las técnicas fundamentales de las matemáticas modernas y nos dio la imagen del universo como una 'gran máquina'".[27]

Las siguientes contribuciones son del filósofo y matemático inglés Sir Isaac Newton (1642-1727) cuyos conceptos de masa, inercia y fuerza, y las leyes que las relacionan fueron originados directamente de la experiencia. Newton presentó un sistema que explicó el movimiento de los planetas en sus órbitas por la ley de la gravitación, que consideraba el espacio como objetivo y absoluto, y como algo real. La ley de la gravedad establece que cada cuerpo continúa en su estado de reposo, o de movimiento uniforme en línea recta, excepto cuando las fuerzas lo obligan a cambiar ese estado. Al mostrar que la gravedad mantiene a la Luna en órbita alrededor del Sol, Newton demostró que todo cuerpo del universo atrae a los demás.[28] La teoría de la gravitación de Newton también implica que un cuerpo en movimiento puede detenerse si hay fuerzas que actúan sobre él desde la distancia.

Con respecto a la sustancia universal, Newton dijo: "Todo el espacio está compenetrado de un medio elástico o éter, que es capaz de propagar vibraciones de la misma manera que el aire propaga las vibraciones del sonido, pero con una velocidad mucho mayor. Su densidad varía de un cuerpo a otro, siendo mayor en el espacio interplanetario libre. No es una sola sustancia uniforme, porque así como el aire contiene vapores acuosos, el éter puede contener varios espíritus etéreos adaptados para producir los fenómenos de la electricidad, el magnetismo y la gravitación".[29]

Los hallazgos de la ciencia del movimiento de Galilei fueron completados por Sir Isaac Newton. Con la teoría de la gravitación de Newton, la hipótesis del éter ganó mucha fuerza. "En los días de Newton... los físicos se habían preocupado en gran medida por el universo, ya que podían observarlo y estudiarlo directamente... y nada en ese mundo había aparecido que sugiriera que existiera tal relación entre la materia y la energía".[30]

Además, en 1666 Newton descubrió que la luz del Sol se podía dividir en componentes de colores por medio de un prisma. La luz del Sol es blanca, y después de pasar a través de un prisma, mostraba todos los colores que existen en el mundo visible. Newton llamó al espectro del Sol su espectro visible y concluyó que la luz blanca estaba compuesta de todos los colores del espectro.

En 1675, Olaus Roemer utilizó métodos astronómicos para obtener aproximadamente 2.6 × 108 millas por segundo como un valor para la velocidad de la luz; en el trabajo astronómico, esta unidad se llama año luz. El resultado de su experimento puede expresarse como: la velocidad de la luz en vacío es de aproximadamente 186,000 millas por segundo o 300.000 kilómetros por segundo (casi 670 millones de millas por hora).[31]

Durante la década de 1800, los científicos aprendieron el significado del arco iris de colores que Newton había producido con su prisma. Primero vino el descubrimiento de las líneas oscuras en el espectro del Sol por W.H. Wollaston (1766-1828), seguido por la teoría de que el color y las líneas oscuras eran producidas por átomos de elementos químicos, y terminando con la teoría de que los átomos, o emiten luz produciendo las líneas de color o retienen determinados colores, produciendo líneas oscuras. Debido a las teorías anteriores se identificaron las líneas características de cada elemento en el espectro del Sol.

A continuación, Hans Christian Oersted (1777-1851) demostró que existía el electromagnetismo. El físico danés, profesor de ciencias naturales en Copenhague, demostró que una corriente eléctrica - circulando en un conductor - generaba un campo magnético circular alrededor de dicho conductor.[32] Su descubrimiento proporcionó el conocimiento de la relación entre la física de la electricidad y el magnetismo, y la base para gran parte de nuestra tecnología actual.

Casi al mismo tiempo, Andre-Marie Ampere (1775-1836) argumentó que "una corriente, siendo capaz de originar un campo magnético, debe ser equivalente a un imán en otros aspectos; por lo tanto, esa corriente, igual que un imán, debería exhibir fuerzas de mutua atracción y repulsión. El razonamiento de Ampere se basa en la suposición de que el campo magnético producido por una corriente es, en todos los aspectos, de la misma naturaleza que la producida por un imán; en otras palabras, que existe un solo tipo de fuerza magnética".[33]
En referencia al éter, "Andre-Marie Ampere descubrió que dos cables ejercen fuerzas el uno sobre el otro cuando cada uno lleva corriente eléctrica. No es necesario ningún imán o material magnético de ningún

tipo, pero esta fuerza es una fuerza magnética. Así, el "material magnético" realmente fundamental, resulta ser el movimiento de cargas y no una sustancia en absoluto".[34]

En 1833, el físico inglés Michael Faraday (1791-1867) logró demostrar que todos los efectos conocidos de la electricidad, como los magnéticos, químicos, mecánicos, fisiológicos, luminosos y caloríficos, se encontraban en el éter.[35] Parece que la electricidad es la mejor palabra para describir la energía en la sustancia universal, ya que tiene una propiedad con características similares a la energía eléctrica. Este es un gran avance. Por primera vez en la historia de la literatura científica, la sustancia universal recibe oficialmente las propiedades de la electricidad.

Más tarde en la década de 1860, Michael Faraday presentó su teoría de campo al mundo. Faraday teorizó que "los campos eléctricos o magnéticos podrían actuar sobre los objetos a distancia porque el 'espacio vacío' entre los objetos cargados que interactúan o los polos magnéticos que interactúan no estaba realmente vacío en absoluto. Propuso que este espacio debía llenarse con una sustancia peculiar a la que se refirió como "mundo del éter" y que él creía que era responsable de todas las interacciones eléctricas y magnéticas".[36] Su contribución da nacimiento al concepto de un universo que crea una fuerza por sus campos magnéticos de electricidad. Con la contribución de Faraday, nuestros campos magnéticos de electricidad ahora están siendo reconocidos.

El siguiente gran avance fue en 1864, del físico inglés James Clerk Maxwell (1831-1879). En su trabajo, Maxwell explicó los efectos eléctricos y magnéticos del éter en términos de sustancia mecánica. Maxwell concibió la realidad física como un campo continuo y demostró que con la aceleración, una carga eléctrica producía una perturbación en el éter que viaja hacia el exterior de la fuente con una velocidad de 3 × 108 millas por segundo.[37]

En la teoría del campo electromagnético, Maxwell demostró que los campos electromagnéticos del éter eran realidades independientes, ya que no parecía estar ligado a ningún portador, mientras que la luz y los fenómenos electromagnéticos eran variables dependientes.[38] La teoría de

Maxwell sobre la naturaleza de la radiación electromagnética descartó la existencia de fuerzas que actúan a distancia.

A mediados del 1800, los experimentos realizados durante treinta años por el conde Wilhelm Von Reichenbach lo llevaron a pensar que los campos electromagnéticos exhibían polaridad magnética. En los experimentos que Von Reichenbach realizó, se refirió a la sustancia universal como "fuerza ódica". Con sus experimentos demostró que la conducción de campos electromagnéticos es posible a través de un cable. Sus hallazgos son que la velocidad de conducción es de cuatro metros por segundo, dependiendo de la densidad de masa del cable.[39]

En el siglo diecinueve, se estableció la teoría ondulatoria de la luz. La luz se explicó cómo la vibración de un medio elástico e inerte que llena todo el espacio del universo. La luz en el espacio vacío de la sustancia universal se explicó como materia de vibraciones del éter. La materia apareció como el substrato de la velocidad, la energía cinética, las fuerzas mecánicas de la gravedad, así como los campos electromagnéticos que se encuentran en el vacío, como el éter desocupado que los primeros astrónomos llamaron un "vacío de la oscuridad".

Durante esta era, en 1888, el físico alemán Heinrich Hertz (1857-1894) descubrió las ondas hertzianas. Según Hertz, las oscilaciones de electricidad resultantes en un conductor verificaban que las ondas de luz eran ondas electromagnéticas.[40] El trabajo de Hertz demostró que la velocidad de propagación es finita. En sus experimentos, detectó rápidas oscilaciones en los circuitos en los cuales fluyen corrientes eléctricas alternas. Probó la predicción de Maxwell de que esas corrientes emitían ondas de fuerza eléctrica y magnética.[41]

De 1880 a 1882, Albert Abraham Michelson (1852-1931) diseñó un refractómetro interferencial que era sensible en una parte en 4×109. Usó el instrumento para probar un viento de éter asociado con el avance de la Tierra en su órbita. Michelson recopiló los datos "para descubrir hasta qué punto se frenaría un rayo de luz mientras viajaba de frente a través de una misteriosa sustancia conocida como el éter universal, una sustancia invisible y sin peso que virtualmente todos los científicos del momento creían ocupando todo el espacio que rodea la Tierra y todo el espacio entre las estrellas… Si todo el espacio estuviera lleno de éter, ocurriría que la superficie de la Tierra debería estar sujeta a un viento constante de éter pasando por ella a medida que la Tierra pasa por el éter. Sin embargo, no se encontraron cambios de esplazamiento marginales significativos".[42]

Uno de los últimos descubrimientos del siglo XIX fue la teoría electrónica de Hendrik Antoon Lorentz (1853-1928). En su teoría electrónica de la materia, el físico holandés demostró que la masa de un electrón aumentaba con su velocidad al suponer que el éter estaba en un estado de reposo absoluto y también el portador del campo electromagnético. Lorentz teorizó que el éter estaba fijo en el espacio y que la electricidad estaba alojada en las partículas elementales en movimiento.[43]

Según Lorentz, las partículas elementales de materia son capaces de estimular el movimiento porque llevan cargas eléctricas. Además, dedujo las propiedades de los cuerpos materiales en su interacción con las partículas eléctricas elementales que él llamó electrones. Su teoría implicaba que el espacio físico (lo que los primeros astrónomos llamaban el "vacío de la oscuridad") y el éter eran la misma cosa. Por lo tanto, el éter se convirtió en un substrato para la naturaleza de los campos eléctricos indivisibles de la sustancia universal.

A principios de la década de 1900, la historia de las sustancias universales estuvo bien representada y progresó a lo largo de las líneas de los campos de energía humana a través de las contribuciones y el trabajo de las mentes más grandes. Una evolución del pensamiento fluyó a través de ellos. Se dice que su trabajo en esta área ha sido único. Max Planck y Albert Einstein, por ejemplo, han descrito las partículas de la sustancia universal con gran detalle y han dado respuesta definitiva a la pregunta: "¿Qué es esta sustancia universal?".

En 1900, el teórico físico alemán Max Planck (1858-1947) llegó al siguiente descubrimiento: "el tamaño de los paquetes de energía (quantums) de cada frecuencia de luz (color) es el mismo". Él pensó que "la energía se absorbe y se emite en pequeños paquetes y que el tamaño de los mismos de una luz de baja frecuencia, como el rojo, es más pequeño que el tamaño de los trozos de una luz de alta frecuencia como violeta".[44] Su descubrimiento le valió el Premio Nobel en 1918 y el título de padre de la mecánica cuántica.

En 1905, la teoría del físico suizo Albert Einstein (1879-1955) fue el siguiente gran avance. Einstein demostró en teoría que "la luz está hecha de pequeñas partículas o fotones, y que los fotones de luz de alta frecuencia tienen más energía que los fotones de luz de baja frecuencia".[45] Su descubrimiento le valió el Premio Nobel en 1921.

En referencia a la sustancia universal, Einstein dijo que "se debe asumir que el éter existe en todas partes, si queremos explicar los fenómenos ópticos mecánicamente. No puede haber espacio vacío si la luz viaja solo en un medio. Los planetas, por ejemplo, viajan a través de la gelatina de éter sin encontrar ninguna resistencia tal como la que ofrecería un medio material a su movimiento. Si el éter no perturba la materia en su movimiento, no puede existir interacción entre las partículas de éter y las partículas de materia".[46]

Las formas de materia de la sustancia universal y sus explicaciones también se encuentran en los conceptos de las enseñanzas de los Rosacruces y Teósofos:
- El filósofo inglés Sir Francis Bacon (1561-1626) fue el Imperator de la orden Rosacruz, AMORC, cuya historia puede remontarse al reinado de Tutmosis II en Egipto (1494-1436 a. C.).[47] La Orden Rosacruz llama a la sustancia universal "Nous". Al referirse a la identidad de "nous",[48] los Rosacruces creen que es la energía, el poder y la fuerza que emana de la fuente de toda la vida. Además, se cree que el nous es de naturaleza vibratoria y dual, y posee polaridades tanto positivas como negativas".[49] En el siglo XX, los estudios más famosos fueron realizados por la orden esotérica Rosacruz. Sus miembros han realizado muchos experimentos mediante los cuales demuestran que la energía del cuerpo humano es una energía eléctrica con una tasa muy alta y que no se puede medir.

- En 1875, Helena P. Blavatsky fundó una sociedad llamada Teosofía, que significa "sabiduría divina". Ella llamó a la sustancia universal como la "sustancia primordial".[50] Sobre tal término, Madame Blavatsky dijo que "la primordial Entidad Electricidad... electrifica dentro de la vida y así separa la materia primordial - o materia pre genética - en átomos de ella misma de la fuente de luz y conciencia".[51] La intención de la Sociedad Teosófica era "investigar las leyes no explicadas de la naturaleza y los poderes latentes en el hombre".[52] En su libro, La Doctrina Secreta, difundió el conocimiento acumulado de las leyes que gobiernan el universo.

En teoría, tanto los Rosacruces como los Teósofos están de acuerdo en que la evolución del universo continúa, no solo a nuestro alrededor, sino también dentro de nosotros. Según sus registros, ambos creen que hay una sustancia en todo el universo que es vital para los seres humanos, y que la sustancia tiene propiedades curativas.

En resumen, en la revisión de la literatura, las grandes mentes estuvieron de acuerdo en que hay una sustancia vital; sin embargo, utilizaron distintos términos para referirse a ella. Hipócrates la llamó "nuestra natural fuerza vital"; Anton Mesmer, el "fluido universal"; Wilhelm Reich se refirió a ella como "energía orgónica", y otros, como se describió anteriormente, tuvieron términos similares; el más reciente es Brunner que la llamó "energía bio cósmica". Yo la llamo... El Armónico.

Se cree que la sustancia universal es de naturaleza eléctrica. Esto explicaría la vibración que siento y por qué percibo su frecuencia. A medida que revisamos la literatura, se explica la base de este pensamiento. Para entender esto, otras contribuciones deben ser reconocidas.

La obra del poeta y filósofo romano Tito Lucrecio Caro (96? - 55 a. C.) me ha dado otra perspectiva de El Armónico. La naturaleza y su sustancia universal, según Lucrecio, se definen como el orden de la libertad. En cierto sentido, Lucrecio le da a la naturaleza un espacio para compartir con su sustancia universal. "En la medida en que toda la materia, estableciéndose a través del pasado infinito, se acumulara en un montón", dijo Lucrecio, "el universo y los cielos son las formas de vida de la naturaleza".[53]

En la definición de Lucrecio, el mundo y los cielos son universos de la naturaleza. Él dice en muchas de sus obras que el universo y el cielo son formas de materia. Para dar detalles, dice, "pero lo que puede ser y se hace en el universo son los distintos mundos formados en diferentes planos".[54] Por último, continúa, "tal como es, no se les da descanso a los cuerpos del primer comienzo, porque no existe un punto más bajo en absoluto".[55]

La definición de naturaleza, en el concepto de Lucrecio, es que el cielo y el universo son partes de la misma materia. Este concepto tiene su base en la creencia de que la naturaleza tiene varias formas de una sustancia y todas las formas están en el mismo nivel. La definición de naturaleza de Lucrecio tiene mi admiración. Nos da la teoría de cuerpos múltiples que residen en el mismo punto de un continuum espacio-tiempo. En su concepto de la sustancia universal, los cuerpos se alinean, ya que son de la misma materia.

Quizás el poeta William Blake lo expresó mejor cuando escribió: "Ver un mundo entero en un grano de arena / Y un cielo en una flor silvestre; Tener el infinito en la palma de su mano / Y la eternidad en una hora". Entender este concepto es comprender la relación entre un organismo vivo y su entorno. Lo que sigue son las teorías que he desarrollado en mi propia vida, junto con las formas que ellas han cambiado las vidas de quienes me rodean. Ellas también pueden cambiar su vida.

Dentro de los siguientes cinco meses, después de este estudio de investigación, desarrollé una teoría del paradigma para un patrón celular de desarmonía. Encontrar una explicación para los comentarios de los pacientes fue el inicio que me condujo a la respuesta de la pregunta:

- "¿Qué es esta vibración?".

La pregunta consumía todas las horas que pasaba despierta y se convirtió en un desafío para mí. Noté que, en cada sesión de curación espiritual parecía existir un elemento desconocido que sentía que sanaba a los pacientes. Parecía que otra presencia realizaba la curación, y había una misión y un propósito específico para el reconocimiento de esa presencia. Durante las sesiones de curación espiritual, me daba cuenta de que algo vibraba en mi vecindad inmediata. Era consciente de que durante las mismas, una fuerte presencia oscilaba alrededor y dentro de mí. Cuando me di cuenta de la frecuencia electromagnética y sus propiedades, el estudio respondió la pregunta que hice en silencio:

- "¿Qué es esta vibración?"

Varios miles de años antes de Cristo, según los filósofos y su conocida literatura, el mejor método para medir partículas de energía lumínica era preguntarle a un psíquico. En esa época, se creía que la energía de la luz era vista y sentida por aquellos con dones divinos especiales. Dado que el universo se mide con partículas de energía luminosa, hoy el material para validar este hecho es abundante. Ahora tenemos evidencia de que todo en el universo está compuesto de partículas subatómicas. Además, hoy medimos las partículas individuales de luz y las llamamos fotones.

En el estudio de investigación que realicé, la ciencia de la curación celestial se llama psicofísica. Es el método alternativo moderno de curación utilizado por los practicantes de la curación espiritual. Su teoría explica cómo se diagnostica el cuerpo físico por medios espirituales y lo cura con la frecuencia de El Armónico. La ciencia "physicism" es un método cuyas bases se basan en la física. Por lo tanto, la ciencia de la curación celestial también se basa en la física.

Las leyes de la física subatómica nos dicen con qué probabilidad las partículas de fotones darán lugar a una cierta sensación si les permitimos interactuar con nosotros. Por lo tanto, en cualquier discusión sobre la curación espiritual, estos conceptos son fundamentales porque explican las teorías universales y las leyes esenciales que pertenecen a nuestra sustancia universal y sus propiedades. Comprender las fronteras de la curación espiritual significa cuán bien entendemos la física y su potencial de curación. El Armónico se define como una materia sin forma con un amplio espectro de rangos vibratorios electromagnéticos. En el nivel cuántico, las frecuencias más altas de la materia informe parecen ser los rangos de curación del cuerpo. De acuerdo con estas leyes, hago la suposición de que El Armónico y la ciencia de la curación espiritual tienen sus raíces en los principios de la física.

En el libro Peak Learning, Ronald Gross da al lector técnicas de aprendizaje. Sus técnicas están diseñadas para mejorar el aprendizaje. Ronald Gross afirma que sus técnicas son "herramientas específicas …con las que pilotear tu aprendizaje, dirigiendo tu camino como un navegante experto maneja un barco". Creo que su implicación es que el aprendizaje también es una cuestión de diseñar cómo deseamos aprender. Si su teoría es correcta, el cerebro recibe de nosotros la forma de pensamiento y responde de acuerdo con nuestros diseños. Esto significa que el cerebro se estimula desde fuera. Deduzco de esto que uno está aprendiendo del comportamiento o el diseño, y en ocasiones el diseño no está en armonía con el resto del cuerpo.

Intuyo que en el futuro cercano, el cerebro será estudiado a un nivel que nunca antes habíamos alcanzado. Cuando esto ocurra, los conceptos que fueron nuestras verdades pasadas serán reemplazados por niveles de dimensiones superiores de educación.

10.

La Esencia Divina Siempre Ilumina En La Oscuridad

"Se piensa que la luz viaja más rápida que cualquier cosa, pero se está equivocado. No importa cuán rápida viaje la luz, la oscuridad siempre ha llegado primero, y está esperándola"

—Terry Pratchett

Introducción

La razón por la que elegí este tema es porque me han dado una gran cantidad de información y deseo compartirla con todos ustedes. Hay momentos en nuestras vidas en que nuestro Poder Supremo se da cuenta de que lo que estamos a punto de experimentar es más de lo que podemos soportar y nos echa una mano. Durante esos instantes de profundo dolor, Su Esencia Divina siempre Ilumina la oscuridad porque arroja luz en nuestras vidas dándonos claridad y comprensión. Para muchos de nosotros, tanto la muerte como el fallecimiento de un ser querido puede dar, como resultado, uno de esos momentos. Una de las razones más obvias es que, a lo largo de nuestras vidas, somos afectados, en gran medida, por lo "desconocido". Con personas que no han estudiado ninguna filosofía relacionada con la muerte física, y que a menudo son muy religiosas, siempre existe temor a la muerte y la agonía. Para la mayoría de nosotros, lo desconocido siempre causa miedo, por lo que es comprensible que esas preguntas de lo desconocido, relacionadas con la muerte física y el fallecer, nos atemoricen.

- ¿Cuántos de ustedes han experimentado la muerte de alguien?
- ¿Y qué pregunta, o preguntas, relacionadas con esa muerte han nacido en su mente?

En mi línea de trabajo físico, como profesional de la salud, he descubierto que las personas tienden a hacerme las mismas preguntas relacionadas con la muerte. Las seis preguntas más comunes se agrupan en torno al hecho de la muerte física, y es en donde tienen la mayor incertidumbre y miedo; éstas son:

- ❖ ¿Va a sufrir la persona?
- ❖ ¿A dónde va cuando muere?
- ❖ ¿Recibirá el individuo las recompensas prometidas?
- ❖ ¿Seguirá siendo capaz de guiar a los niños pequeños en forma correcta?
- ❖ ¿Desaparecerá todo contacto con sus seres queridos?
- ❖ De todos modos, ¿cómo es la muerte?

Para aquellos lectores que tengan tales preguntas, espero que al final de este capítulo respondan algunas de ellas….

¡Comencemos entonces!
Cada hombre, siempre que se ajuste al marco mental normal de nuestra sociedad, tiene su concepto de lo que es la muerte y el fallecimiento. Quizás ningún otro concepto está más rodeado de supersticiones e ideas erróneas que la muerte en general. Si hay algo que este mundo debería saber, no conoce y desea saber, es el proceso por el cual un habitante de este plano de conciencia abandona el cuerpo físico para convertirse en habitante del próximo o plano etérico. Hago esta afirmación porque, en

su mayor parte, nuestra raza humana no se ha desarrollado lo suficiente como para comprender qué es la vida o la fuente de donde proviene este átomo que se desarrolla.

- ¿Cuántos de ustedes han leído un libro o han visto una película relacionada con la muerte y la agonía?
- ¡Espero que lo hayan hecho, para que puedan seguirme bien!

Según muchas personas que han estudiado este tema, la muerte no es más que un paso del Espíritu del Alma a una esfera más grande, o mejor dicho un nacimiento. Al final de esta vida, el ego debe asimilar lo que ha experimentado, y para extraer lo mejor de sus experiencias, comienza el proceso de la muerte física. Así que la muerte, en estos términos, es el abandono del Espíritu del Alma del individuo, o cuerpo etérico de la cubierta de carne. El Alma Espíritu realiza este abandono durante los primeros tres días y medio después de la muerte física y clínica. Y la muerte no está completa hasta que termine este proceso.

Creo que esta definición de la muerte es, en el fondo, simplista. Sin embargo, también sé que es completamente imposible, para un ser humano, comprender el cambio que ocurre en la muerte a menos que nos demos cuenta de que, cada individuo, posee una forma de Espíritu del Alma compuesta de átomos etéricos y que es tan importante como la vestidura de carne que es visible y tangible. Así que veamos aquí algunos puntos relacionados con esto.

Algunos versados en física me aseguran que toda vida, hasta el átomo y más allá, tiene forma etérica. Sabemos, por ejemplo, que cada átomo de todo grano de arena que forma la playa del océano; que cada semilla, planta, árbol y toda molécula de tierra que cubre la piedra estéril y que forma la masa de roca; y que cada gota de agua que fluye en los arroyos, tiene forma etérica. Además, se nos asegura de que, en y a través del éter, todas las formas de vida transportan luz y electricidad así como todas las formas de radiación.

Los científicos también nos dicen que lo etérico requiere para crecer de un recubrimiento de materia más baja en vibración que ella misma al igual que la semilla plantada en la tierra, y que en esa vestimenta exterior, aumenta y alcanza un mayor desarrollo. Por lo tanto, en base a estos hallazgos científicos, sabemos que ninguna vida puede existir en el mundo físico a menos que tenga un traje adecuado para ese propósito.

Cuando por calor destruimos el vestido exterior de un trozo de carbón, cuando lo físico ya no contiene la energía, la vida o la forma etérica, ambos se disocian. En otras palabras, la energía o forma de vida se escapa para pasar a algún otro estado del ser. Por otra parte, el ropaje exterior, la ceniza o polvo, regresa de donde vino, en última instancia para ser absorbida por otra forma de vida hasta que con el tiempo haya sido tan refinada que tendrá continuidad porque se ha vuelto etérica. Y así es cierto que, cuando cualquier forma de vida disocia su forma etérica de su vestimenta exterior, esa forma de vida ya no puede seguir siendo un habitante de este plano físico, y ocurre lo que llamamos muerte física.

De la misma manera el hombre es parte de un todo estupendo, evolucionando a partir del éter de vida en la materia. De esto se deduce que, al morir físicamente, nuestro Espíritu del Alma, liberado de esa vestimenta exterior, nuestro cuerpo denso, se convierte en un habitante de un plano donde todo es etérico. En otras palabras, en el cambio que llamamos muerte, la persona ha sido refinada hasta el punto en que posee individualidad. Permítanme recordarles en este punto que, para la sensación del tacto etérico, todas las cosas son tangibles, reales y naturales como en la vida terrenal… Así que teniendo esto en cuenta, avancemos en la progresión de nuestro Espíritu del Alma.

Muerte física

Ha sido mi experiencia, en mi vocación personal y profesional, que las personas toman conciencia de su propia muerte inminente por etapas, y esta conciencia nos lleva a la muerte consciente. La muerte consciente es un proceso mental activo de conciencia y preparación para la propia muerte física. La palabra "morir" se utiliza para designar el proceso dinámico e individual de la real transición física. En el caso de una enfermedad terminal, el paciente, aun cuando está vivo, experimenta el proceso de morir muchas veces en el tiempo. Los objetivos de tomar conciencia de la muerte inminente, o la muerte consciente, son vivir plenamente hasta que la muerte llegue, y dirigir o participar en tal proceso hasta que se sienta cómodo y acepte la asistencia de los demás.

Esto me lleva a una de las seis preguntas más comunes que la gente me pregunta sobre la muerte: ¿cómo es la muerte?

Para responder a esta pregunta, permítanme una introducción a la muerte física. En éste ámbito, los signos y síntomas de una muerte física inminente son los siguientes:

- Los brazos y las piernas se ponen fríos al tacto y el color la parte inferior del cuerpo se oscurece. Estos síntomas son el resultado de la disminución de la circulación sanguínea.

- La persona pasará más y más tiempo durmiendo durante el día y, a veces, será difícil de despertar. Esto resulta de la desaceleración del metabolismo del cuerpo.

- La persona puede perder el control de la vejiga y el intestino, lo que produce incontinencia. Este es el goteo continuo e involuntario de orina y materia fecal.

- La persona tendrá una menor necesidad de comida y bebida.

- Las secreciones orales pueden volverse más profusas y acumularse en la parte posterior de la garganta, produciendo lo que comúnmente se conoce, en la profesión médica, como los "estertores de la muerte". Esto es resultado de la disminución de la ingesta de líquidos y la incapacidad de la persona para expeler la saliva normal.

- La vista y la audición de la persona pueden disminuir levemente y, generalmente, lo último que se pierde es la audición.

- La persona puede ponerse inquieta, tirando de la ropa de cama y teniendo visiones de personas o cosas. Este es el resultado de la disminución de oxígeno en el cerebro, así como la disminución del metabolismo.

- El patrón de respiración de la persona cambiará durante el sueño a un tipo irregular de respiración arrítmica. En este tipo de respiración, al principio es lenta y superficial, luego aumenta en rapidez y profundidad hasta que alcanza un máximo. Luego disminuye gradualmente hasta que se detiene con períodos de respiración de diez a treinta segundos (apnea). Este tipo de patrón de respiración se llama respiración de Cheyne Stokes. Aunque ocurre en ciertas enfermedades agudas del sistema nervioso central, el corazón, los pulmones y en las intoxicaciones, con frecuencia ocurre antes de la muerte.

La muerte física se describe como: el cese de procesos fisiológicos que sostienen la vida; un paso o una despedida; dejando ir esta vida, o la pérdida de la vida. También se ha definido como un "momento en el tiempo", porque generalmente ocurre en un abrir y cerrar de ojos.
Los signos de muerte clínica incluyen:

1. No hay signos de respiración abierta o encubierta.
2. Sin latidos cardíacos encubiertos: en algunos estados, dos lecturas planas de electrocardiograma dentro de un período de veinticuatro horas se consideran un signo definitivo de muerte.
3. Sin respuesta a temblores o gritos.
4. Pierde el control de la vejiga y el intestino.
5. Los párpados se abren levemente con los ojos fijos en un punto.
6. Mandíbulas relajadas y boca ligeramente abierta.

Hay varios pasos que los médicos siguen para determinar cuánto tiempo ha transcurrido desde la muerte:

1. La pierna se divide desde el tobillo hasta la rodilla en tres partes.
2. Comenzando con la rodilla como una cuarta parte, la extremidad hasta el muslo se divide en seis partes, o diez en total para toda la extremidad.
3. Si la sección uno es más fría que la sección dos, se supone que el cuerpo estuvo muerto durante una hora.

4. Si la sección dos es más fría que la sección tres, el cuerpo ha estado muerto durante dos horas, y así sucesivamente.
5. Los experimentos realizados en temperaturas entre 4,5° y 26,7°C resultaron bastante precisos en más de 100 exámenes.

Etapas de la muerte consciente

Hasta ahora, he hablado de la muerte física. Si Ud. recuerda, expliqué que, en general, la muerte ocurre gradualmente; sin embargo, la conciencia se centra en las dimensiones superiores durante un tiempo antes de que ocurra la transición real. Si la persona que parte no es sedada por su médico, es muy posible que en el momento de la transición real, la conciencia pueda regresar momentáneamente y el Espíritu del Alma que se va, aunque esté parcialmente separada del cuerpo, describa las escenas y las personas que está contemplando.

Ha sido notado por las personas que asistieron a la muerte de un pariente o amigo cuyos hermanos habían fallecido, que al momento de morir, veía a los hermanos alrededor de su cama y exclamaba: "¡Ahí está Jonnie! ¡Qué chica tan hermosa ha llegado a ser!". Las personas presentes alrededor de la cama probablemente pensarían que es una alucinación, pero no lo es.

Cierto fenómeno siempre está relacionado con esas visiones: cuando una persona muere, siente que cae sobre él una oscuridad. En algunas personas, la oscuridad se levanta después de un momento, y luego, la persona es clarividente, viendo tanto el mundo presente como el mundo de deseos, y aparecen los seres queridos que han sido atraídos por la muerte inminente, que es un nacimiento en su mundo. Por otro lado, hay personas que pasan sin volver a ver el mundo físico, que es el cambio de nuestras vibraciones de luz a las vibraciones del mundo del deseo y es similar a la oscuridad que se extendió sobre la tierra en el momento de la crucifixión. O puede volverse repentinamente consciente de lo que está ocurriendo y decir un último adiós a los que están a su lado.

Cuando la muerte es inminente, es muy importante despedirse de la persona que se está muriendo. Cuando un invitado se va, lo dejamos en la puerta y les deseamos buen viaje, diciéndole adiós hasta que nos volvamos a reunir nuevamente. Es bueno aprender a hacer esto con aquellos que están partiendo de la vida terrenal. Durante este tiempo o inmediatamente después de la muerte, si es posible, se debe hacer una oración entregando el cuerpo a los cuatro poderosos arcángeles del reino elemental: Rafael, Miguel, Gabriel y Uriel. El rito, tan simple como suena, rodea la forma muerta o moribunda con el campo de fuerza de desintegración apropiado. Cuando se invocan estos poderosos arcángeles, tal ceremonia rodea inmediatamente la forma con luz. Mi preferencia personal es el "Padre Nuestro" porque tiene una tendencia a producir una paz profunda.

Durante este proceso de muerte física, el Espíritu del Alma también se está preparando para su nacimiento espiritual al liberar su atracción por el mundo físico. Parece que hay un proceso, ya en marcha, para la transición real del Espíritu del Alma. Tenemos tres átomos simientes que activan el proceso de la transición: el átomo simiente astral, el átomo simiente mental y el átomo simiente físico. Analicemos brevemente cada uno y veamos cómo podemos beneficiarnos de este conocimiento.

1. El átomo simiente astral se encuentra en el gran lóbulo del hígado que llamamos el plexo solar. Se conecta con el Espíritu del Alma por medio del cordón astral-emocional. El cordón es exactamente lo que cada persona ha hecho en función de sus emociones y deseos, y sirve como un camino de expresión para todas las energías emocionales experimentadas por el individuo. Tiene estampadas todas las cualidades de las emociones experimentadas por el individuo. El átomo simiente astral encapsula todas las debilidades y fortalezas inherentes desarrolladas por el individuo en lo que se refiere a sus deseos y emociones. Esto le permite a la persona influir en su propio futuro o en su propio destino.

2. El átomo simiente mental se encuentra en la glándula pineal dentro del cerebro y se conecta con la mente superconsciente en el triángulo del alma sobre la cabeza del individuo por medio

del cordón de la conciencia. Como en el caso del primero, este átomo simiente también contiene un registro. Es el registro de todas las cualidades heredadas e innatas de la mente del individuo. Dentro de este átomo simiente se registran todos los poderes mentales y espirituales, desarrollados por y a través del individuo durante las edades de su progreso evolutivo. Entonces, en esencia, el átomo simiente mental también es un átomo del presente y del futuro. Esto indica que podemos crear cambios dentro del átomo simiente mental, en forma inmediata, simplemente cambiando nuestras mentes, porque permite a la persona también influir en su propio futuro y en su propio destino. Es importante notar que cuando el cordón de la conciencia está completamente desarrollado, el individuo tendrá una "conexión" directa con su mente superconsciente y se convertirá en una "mente maestra". Creo que el dicho "Sea transformado por la renovación de su mente" es básicamente cierto. El átomo simiente mental es hoy lo que se haya hecho en las encarnaciones pasadas. Sin embargo, ahora puede dotarse de mayores poderes para afectar tanto el presente inmediato como el futuro del individuo.

3. El átomo simiente físico está ubicado en el ventrículo derecho del corazón. Se conecta con el espíritu divino a través del cordón de la vida. El cordón de la vida es la creación de la divinidad misma, y el individuo no tiene nada que ver con su funcionamiento. Las fuerzas de la vida fluyen hacia abajo, a través del cordón de la vida, en la forma física y se distribuyen, a través del átomo simiente del corazón, en el cuerpo por el torrente sanguíneo. Es aquí donde encontramos el registro perpetuo del pasado de una persona que vincula al individuo con su destino kármico. El registro incluye los aspectos físicos, emocionales y mentales. Los átomos simiente astral y mental registran las cualidades de las emociones y la mente. El átomo simiente físico, por otro lado, contiene un registro completo de imágenes electrónicas de todo lo que le ha ocurrido al individuo a lo largo de su existencia. Así que, en esencia, los átomos simiente astral y mental liberan las cualidades de las emociones y la mente en el torrente sanguíneo,

mientras que el átomo simiente físico libera las imágenes atómicas reales del pasado.

4. Lo que realmente ocurre al morir, en el reino espiritual, es que la fuerza de los átomos simientes del individuo deja el cuerpo. La lenta retirada de dichos átomos, que llamamos la "impresión de los átomos simientes", es el proceso normal de la muerte. El cuerpo humano es una máquina con los tres átomos simientes: una máquina para la utilización de la energía y las fuerzas de vida, que emplea la personalidad, en el proceso de crecimiento espiritual. Cuando esos tres átomos simientes y todas sus impresiones se transfieren desde el cuerpo vital al cuerpo de deseo, formando la base de la vida del hombre o la mujer en el purgatorio y el primer cielo, la retirada total produce el momento señalado de la real transición.

5. En el proceso de su evolución, el Espíritu del Alma reúne la sabiduría a través de las experiencias en la forma física. Solo a través de la muerte y la disolución de los átomos de su forma actual, el alma tiene la oportunidad de construir una mejor. Independientemente de cuán perfecta, o cuán hermosa sea su forma presente, el propósito del Espíritu del Alma es construir formas cada vez más perfectas para expresarse. Como una oruga, debemos morir y arrojar nuestra cubierta exterior para emerger como la hermosa mariposa. El tiempo requerido para esta separación depende considerablemente de la potencia electromagnética acumulada en el campo de fuerza etérico del individuo. Cuando esas fuerzas electromagnéticas han seguido su curso y los tres átomos simientes se han desprendido por completo, el cuerpo etérico libera su unión con el cordón plateado. Luego, cuando se rompe el cordón, el Espíritu del Alma se libera por completo.

6. Por lo tanto, en referencia a las seis preguntas más frecuentes sobre la muerte, me gustaría en este momento abordar la pregunta: ¿sufrirá el individuo? Terminaré esta introducción sobre la muerte consciente diciendo que cada cambio en la naturaleza es hermoso, y la muerte física no es una excepción a

esta regla. El cambio de la muerte es simplemente la liberación de nuestro Espíritu del Alma del cuerpo físico que compone la vestidura exterior de carne, y es perfectamente natural e indolora. Además, dado que la conciencia no está en el cerebro, en ese momento, no hay sufrimiento.

Nacimiento Espiritual

Así como el proceso del nacimiento incluye más que dar a luz, el proceso de la muerte incluye más que el simple cese de respiración y los latidos del corazón. Hay un proceso saliente en la muerte física así como un proceso entrante en el nacimiento físico. Implícito en el proceso del nacimiento físico está el paso de la forma física del bebé hacia abajo, a través del canal del útero. En ese momento, hay una apertura lenta y gradual del canal del parto para permitir el paso de la nueva forma junto con la contracción natural del útero físico.

En el proceso de la muerte física, la forma física se convierte en ese útero del cual debe surgir el Espíritu del Alma. En ese momento, la sustancia química de las glándulas endocrinas se centra en la glándula pineal. Los químicos se esfuerzan por liberar el átomo simiente mental del cerebro. Una vez libre, pasa a la coronilla de la cabeza por el cordón plateado. Lo que es muy interesante para mí es que en cada proceso de nacimiento humano, las suturas de los huesos parietal y occipital están abiertas. Esto permite que los huesos del cráneo se superpongan, permitiendo que la gran cabeza ósea del recién nacido pase a través del canal de nacimiento de la madre. Cuando nace el bebé, las suturas se unen, creando un espacio que llamamos fontanelas anterior y posterior, o los "puntos blandos" de la cabeza neonatal. Durante el proceso de muerte física, lo mismo ocurre al revés. Aquí las fontanelas anterior y posterior se abren, permitiendo que se abran las suturas de los huesos parietal y occipital del cráneo, y el Espíritu del Alma pasa también a través de este canal de nacimiento.

La sustancia química endocrina se reúne con una gran fuerza e intensidad alrededor del área del corazón. Así comienza la lucha por liberar el cuerpo físico. La ruptura o separación real del cordón de plata estimula a la conciencia a recordar y revivir acontecimientos que deben experimentarse de nuevo, a fin de destacar las lecciones que estaban destinadas a aprender cuando esa persona estaba en el plano físico.

Después de que se rompe el cordón plateado, el Espíritu del Alma entra en su envoltura astral. Para la persona promedio, el proceso consiste en pasar los siguientes tres días y medio después de la muerte en un estado que podría denominarse sueño profundo o trance mortal. Durante estas ochenta y cuatro horas, la persona debe ser ayudada por nuestras bendiciones. Ayuda cuando nuestros pensamientos amorosos se dirigen hacia las experiencias iluminadoras de la persona en su nuevo estado de vida. Esta actitud de nuestra parte puede ayudar a la persona en la progresión de su propia alma durante el período inmediatamente posterior a la transición.

Para la persona iluminada, la experiencia después de la muerte es un viaje hacia el éxtasis y la iniciación o la salvación. Para el así llamado "pecador", es una experiencia llamada juicio. El viaje a lo largo del camino del juicio no es realmente en el espacio. Todo se realiza en la conciencia, y es el Espíritu del Alma quien revive cada incidente y episodio desde el momento de su nacimiento. Este viaje parece tomarse solo, pero en realidad, uno siempre está bajo el cuidado de un maestro. En este viaje, uno revisa su vida entera, siendo testigo de ello como un panorama de los acontecimientos pasajeros. Él no solo está viendo las escenas, sino que está participando en ellas. Entonces, en realidad, nos mantenemos a un lado viéndonos actuar en la vida que acaba de terminar. Durante este tiempo, nuestro Espíritu del Alma está despierto en el plano del deseo y el desfile de eventos presenta sus deseos personales y frustrados; el escenario que rodea a la persona en su propio panorama tendrá una relación simbólica definida con los problemas de su individual Espíritu del Alma, su estado en la evolución y su reacción cósmica. Sin embargo, el alma permanece en este plano terrestre mientras toda la "película de recuerdos" pasa ante su conciencia. Estas imágenes simbólicas se derivan de las experiencias de su propia historia. En esta experiencia, el Espíritu del Alma mira su propia imagen y sufre una severa lucha en proporción a su desviación de los estándares espirituales.

El cristiano mide su Espíritu del Alma por Cristo y sus enseñanzas. Por lo tanto, el panorama del cristiano diferirá en muchos aspectos del budista, del musulmán, del hindú o del judío, solo por nombrar algunos. Estas experiencias representarán lo que podría haber llegado a él, si hubiera girado hacia la luz en cualquier bifurcación a lo largo de su camino. A lo largo de este viaje, se muestra dónde tomó sus decisiones críticas y cómo la elección o las elecciones siempre fueron suyas. Entonces él experimenta su propio arrepentimiento porque ve no solo las cosas que trajo consigo sino las glorias que perdió. Las escenas creadas se involucran en el proceso de perdón. La persona perdona o es perdonada y permanecerá en este proceso hasta que sea absuelto. Como en todas las cosas, de acuerdo con el estado evolutivo, cada Espíritu del Alma enfrentará una experiencia personal diferente en su alejamiento de la forma física y el plano de la tierra. Generalmente hay tres tipos de reacciones a las experiencias en el proceso de la muerte.

1. El primer tipo es la reacción que se encuentra en la persona promedio. Este es un desapego lento y natural del alma que dura, en promedio, aproximadamente ochenta y cuatro horas después de la muerte física y clínica.

2. El segundo tipo es la separación repentina del Espíritu del Alma a través de la violencia. Debo recordarle que los actos violentos difieren, y en todos ellos no necesariamente se produce una retirada repentina

3. El tercer y último tipo es la retirada inmediata, sin interrupción en la conciencia, que dura en promedio aproximadamente seis minutos. Este es el tipo que frecuentemente experimentan aquellos que están espiritualmente iluminados.

Segunda Parte

Inicié este capítulo diciendo la gran cantidad de conocimiento que había recibido y que quiero compartir con todos ustedes. Compartiré parte de esa información con usted, pero primero permítame decirle cuándo y cómo la recibí así como su relación con el tema de la muerte y el fallecimiento. Comenzaré esta historia con una corta y breve definición de lo que debe entenderse con la palabra "Espíritu".

La palabra espíritu posee muchos significados. Por ejemplo, el espíritu puede usarse para referirse a un individuo que ha hecho su transición y ha pasado a la siguiente dimensión de la vida: una entidad desencarnada. También puede significar una persona que vive actualmente en la tierra, es decir, una entidad encarnada. O "Espíritu" se puede definir como una forma de "esprit de corps" que se irradia desde un individuo o un grupo de individuos. Es algo muy poderoso, pero también muy sutil, algo invisible pero que tiene un efecto sobre las personas e incluso sobre las situaciones. Sin embargo, para el propósito de este capítulo, convengamos que con la palabra "Espíritu" nos referimos a un principio animador de la vida. Aceptemos que este principio animador de la vida tiene las siguientes características:

1. Está presente en todas las formas de vida.
2. Emana de lo que creemos que es nuestro poder cósmico más elevado.
3. Compenetra cada cosa que existe y en todas partes en el universo.
4. Permea diminutas partículas insignificantes de materia.
5. Es de origen divino y etérico.
6. Además, convengamos que, en términos de iluminación, la luz que proviene del espíritu fluye a través de cada situación en la que usted está involucrado, ya sea en compañía de otros o por usted mismo.

Ahora, pasando de esta breve y corta definición sobre lo que debe entenderse con la palabra "espíritu", daré un punto de referencia. La ciencia nos dice que "la energía proviene del movimiento, y que el movimiento proviene de la energía". Esto se puede explicar de la siguiente manera. Como muchos de ustedes ya saben, hay dos tipos o formas de energía: energía estática y energía sin reposo, o energías negativas y positivas. Cuando las energías de las cualidades positivas y negativas se reúnen se crea lo sin reposo. El resultado final del sin reposo es el movimiento, que produce energía nuevamente. Esto puede parecer o parece tener poco o nada que ver con los principios del espíritu y la luz en este momento; sin embargo, en ciertas situaciones, la vitalidad que manifestamos es el resultado de cualidades o condiciones negativas y positivas que nos llevan a una etapa en nuestras vidas en la que pronto perderíamos toda apreciación de la luz divina del Espíritu.

La mejor instrucción en nuestra vida y desarrollo vendrá directamente de las revelaciones espirituales cósmicas. Cuando esto sucede, se enciende una luz y, como magia, se levanta un velo de cualquier situación dolorosa o estresante. Incluso cuando el resultado es una conciencia culpable, cuando el acto nunca llegue a conocerse y no podamos reconocerlo, seguimos sintiendo el daño a nuestra integridad personal y luchamos para salir de eso.

Si no fuera por la luz, no tendríamos ninguna apreciación o comprensión de lo que constituye la oscuridad. Estaríamos tan acostumbrados a la ausencia de luz, tan acostumbrados a lo que ahora llamamos oscuridad, que no podríamos llamarlo con ningún nombre que sugiriera un contraste en términos de luz. Simplemente lo llamaríamos la condición natural. Esto es lo que sucede cuando nos acostumbramos a una situación de naturaleza maléfica, una situación que es peligrosa para cualquier forma de vida, una situación peligrosa para la sociedad o una condición en nuestras vidas que no favorece la buena salud, ya sea la salud moral, legal, espiritual o física. Estos son los patrones en nuestras vidas que crean la condición de apatía. En esta condición, perdemos el rumbo de donde viene la luz y, por lo tanto, no podemos priorizar los eventos significativos de nuestras vidas.

Al mirar hacia atrás, al instante cuando esta energía de luz del Espíritu se puso en movimiento en mi propia vida, pienso en mi cumpleaños. Pienso en lo que sucedió ese día. Quizás lo sepan, pero es cierto que la fuerza del Espíritu en su totalidad es incomprensible para nuestras mentes finitas. Pero para ayudarme a tener al menos una pizca del conocimiento parcial de lo que sucedió ese día, la fuerza del Espíritu de la luz divina me trajo claridad y comprensión.

En aquel momento, escribí las siguientes palabras de un evento del cual solo habían pasado unas pocas horas desde que había cumplido un año terrestre más de vida. Fue mi cumpleaños el 11 de septiembre de 2001, y las coordenadas de ese punto en el espacio, que llamamos Estados Unidos, habían sido golpeadas recientemente por un indescriptible horror.

Cuando llegué a casa del trabajo esa noche, mi reacción inmediata fue ingresar a un espacio personal en mi casa donde rezo y comencé a hacerlo - en privado - por seis de los miembros de mi familia y amigos de quienes estaba seguro habían sido asesinados y otros diez que vivían y trabajaban en las inmediaciones del lugar del trágico y brutal ataque terrorista contra los Estados Unidos. En ese espacio personal de mi hogar y dentro de mis cámaras interiores privadas, pedí en silencio que se derramara luz sobre nuestras vidas. Quería saber la situación de las cosas que ocurrían.

Muchas palabras fueron dichas y muchas cosas ocurrieron que no puedo describir con claridad. Tal vez, deliberadamente cerré mi visión espiritual para no ver los miles de cadáveres. ¿O acaso fue que deliberadamente apagué mi audición espiritual para no escuchar los lamentos y dolores de miles de personas muertas? Solo recuerdo la charla de mi propia voz. Durante ese tiempo, no vi ni escuché nada, pero sentí la oscuridad y lo que parecía ser un momento extremadamente largo de profundo dolor. Luego, en mis palabras y en mi propia voz, me escuché decir:

- "¿Dónde está tu Esencia Divina?"

En aquel instante, una luz brillante comenzó a brillar sobre mí y vi el rostro a quien denomino mi Maestro Cósmico Superior. Con su imagen vino la respuesta a mi pregunta. Dijo clara y distintamente:

- "Alumbra la oscuridad".

Entonces, en una fracción de segundo, vi el cuerpo de mi Maestro Cósmico Superior supervisando un coro de ángeles. Los ángeles, así como el Maestro Cósmico, estaban vestidos con prendas parecidas a un lienzo fino. Era un vestido eléctrico blanco y holgado; sin embargo, parecía delinear lo que estoy acostumbrada a llamar una forma física humanoide.

Cerca de, y rodeando las Torres Gemelas en la ciudad de Nueva York, había treinta y dos ángeles y mi Maestro Cósmico Superior estaba de pie en el fondo de los escombros. Noté de inmediato que una hebra trenzada de hilo dorado emanaba del corazón del Maestro Cósmico. Desde mi punto de vista, tal hebra trenzada dorada parecía entrar en el ventrículo derecho del corazón de cada ángel, desde el frente de sus corazones, y salir por la parte posterior de sus corazones. Desde el corazón misericordioso del Maestro Cósmico se extendía aproximadamente unos dos a dos y medio metros hasta penetrar el corazón de cada ángel individual: creando así una cadena angélica que se extendía a lo largo de varios kilómetros del hilo dorado trenzado.

No podía ver sus manos, pero cada ángel parecía estar aferrándose a la hebra trenzada de hilo dorado a pocos centímetros de la entrada del portal de su corazón. Era casi como si alguien o algo moviera el hilo dorado con manos invisibles. Noté que cada vez que un ángel hacía un movimiento con su porción del hilo dorado, se levantaba una cantidad de almas celestiales de los cuerpos muertos que estaban arriba, debajo, dentro y entre todos los escombros. También noté que cada ángel saludaba a cada Espíritu del Alma como si fuera un miembro de su propia familia. Los escuché susurrar: "el padre de", "la madre de", "el hijo de", "la hija de", "el hermano de", "el tío de", etc., etc. Luego, después de que cada uno fuera bienvenido, el Espíritu del Alma identificado se unió al hilo dorado delante de un ángel.

En esta visión onírica, mientras observaba el entorno inmediato, noté que no era ni de día ni de noche. No pude ver una estrella o un rayo de luz. Pero podía sentir que había oscuridad a nuestro alrededor. Observé cuidadosamente, y entre las víctimas había una atmósfera oscura con destellos rojos que parecían tragarnos con una gruesa y espesa niebla. Mientras todos los cadáveres esperaban en un temeroso silencio, podía sentir sus pensamientos, podía oírlos pensar.

Poco después, varios ángeles con caras bondadosas se acercaron a las víctimas, y les dijeron lo que había sucedido y se les hizo comprender su situación. Cuando se declaró un hecho nuevo, también se explicaron la ley y las condiciones que hacen posible tal hecho. Fue solo después de muchas explicaciones que cada una de las víctimas llegó a comprender que en el accidente del avión contra las Torres Gemelas de la ciudad de Nueva York, sus Espíritus del Alma habían sido forzados a abandonar sus cuerpos físicos. Pude comprender cuando cada víctima llegó a darse cuenta de que había abandonado el mundo físico de los hombres, porque cuando se dieron cuenta de que en la catástrofe habían salido de la vida terrenal, su dolor fue más allá de las palabras.

En aquel punto del tiempo, sentí la tristeza que les vino con tal comprensión. Fue dolor para la esposa, para el esposo, por sus bebés y por todos aquellos que estaban dejando atrás, así como el cuestionamiento de si sus pruebas, penas e incidentes de sufrimiento en el mundo físico habían sido necesarios. También fue muy claro para mí que desde el punto de vista de algunas de las víctimas, la cuestión de vivir unos años, más o menos, era muy importante. Su gran dolor, cuando se enteraron de lo que realmente había pasado, los ató y los retuvo en esa condición y en ese punto en el espacio.

Aprendí entonces que una muerte violenta de este tipo puede ir acompañada en alguna medida de un shock momentáneo. Recuerdo haber visto a una mujer pequeña y pesada con ojos almendrados y una sonrisa contagiosa bien definida. Cuando se acercó a las otras víctimas, comentó que estaba "perfectamente bien". En el momento en que habló, todavía recuerdo haber pensado en lo mucho que me recordaba a alguien que conocía. La mujer no se dio cuenta de que su forma física había sido asesinada y que estaba muerta en el plano físico. Sin embargo, la visión de su cuerpo físico herido, rodeado de otros cuerpos muertos, era el medio de su comprensión final.

Lo que sucedió en este caso fue que, antes del choque del avión con las Torres Gemelas, el átomo simiente del corazón liberó las imágenes de su cercana muerte al torrente sanguíneo, y las glándulas endocrinas de esta mujer secretaron repentinamente sus hormonas de transición. En ese momento, los otros dos átomos simientes en la forma física se prepararon para desprenderse del cuerpo. De esta manera entró en juego la misericordia de nuestro Poder Superior, y la secreción instantánea en el torrente sanguíneo produjo una suspensión temporal de la conciencia. El profundo sueño que sigue a la muerte no es más que una anestesia operando en el cuerpo. Esto bloquea la conciencia de vigilia por un tiempo, cerrando la conciencia del Espíritu del Alma, mientras que las formas superiores y las fuerzas espirituales se separan o se retiran. Como resultado, el impacto de la proyección repentina del cuerpo astral-mental de la forma física no se registra en la mente, por lo que después del impacto, el cuerpo espiritual se liberó de lo físico, y la mujer continuó su último pensamiento consciente como si no hubiese habido ningún golpe fatal en absoluto.

Las víctimas permanecieron en tal estado - me pareció - por un largo tiempo. Entonces, varios ángeles con rostros bondadosos comenzaron a hablar en voz alta. Esta vez, sus palabras no fueron impresas en una imagen mental como antes. Esta vez fue casi como si mis oídos estuvieran grabando patrones específicos del habla humana. Ellos decían a las víctimas que su *"muerte se había adelantado en su esfera de vida pero que todavía eran seres vivos, habitantes ahora del primer plano más allá de la tierra..."*. Después de algunos otros comentarios, terminaron diciendo que *"solo a través de la muerte física podía progresar cada uno"*. Noté que a lo largo del contacto, las víctimas no se movían. Sentí que no encontraron la felicidad hasta el momento en que los ángeles les hablaron. De alguna manera, la presencia de los ángeles, o quizás las palabras de los mismos ángeles, habían curado sus penas particulares. Una vez que llegaron a la plena conciencia, pudieron moverse a voluntad. Entonces la condición oscura pareció cambiar ante mis ojos, tal como cuando la niebla se disuelve ante el sol, y un rayo de luz que se hizo más brillante a cada momento, lo reemplazó.

Los terroristas parecían estar juntos en una pila amontonada. Cuando conté los cuerpos, había diez terroristas. Entre ellos había dos víctimas que habían sido parte del mismo grupo de terroristas. El grupo de cuerpos que vi se colocó en el mismo espacio real de la hebra trenzada de hilo dorado. Su posición o ubicación entre los mismos dos ángeles parecía indicar que su destino final también era el mismo lugar. Aunque parecían estar aislados de las víctimas en una pila amontonada, los ángeles se acercaron a los terroristas de la misma manera. No pude ver, oír ni percibir ningún tratamiento distinto. Los ángeles dieron la bienvenida y trataron a los terroristas de la misma manera amorosa y humilde con que habían servido a las víctimas.

Para los terroristas, era sustancialmente la misma apariencia que prevalecía con las víctimas. Sin embargo, para los terroristas que perecieron ese día, las mismas emanaciones parecían estar produciendo un efecto diferente. La más intensa fue su calidad de tangible, que fue expresado por el éter oscuro y rojo que los rodeaba… No tengo idea de cuánto demoró ese momento. Esta es una experiencia que quiero relatar porque me causó una profunda impresión. Por un momento, la primera diferencia aparente fue que dentro de los terroristas no hubo estado de inconsciencia. No eran seres pensantes; se desplazaban casi como si no tuvieran facultades mentales. Además, aunque yo podía sentir que ellos sentían el sufrimiento humano - el duelo de una madre, el corazón roto de una esposa, un niño sollozando, las sugestiones de pensamiento, que yo percibía, parecían ayudarles y sostenerlos con masculinidad y vigor. En esa fuerza, parecían estar satisfechos con una avaricia que habitaba en ellos y que yo comprendí como puro egoísmo. Me fue presentada como una ambición que les otorgaba la autoridad de origen divino para defender una nación o la integridad de un país. Tuve la clara impresión de que, aunque ellos sabían que el resultado final era su muerte física, tenían indicios como para comprender dicha muerte. No era una simple comprensión de lo que era la muerte física, sino una comprensión más profunda a lo que conducía la muerte de todos. En realidad no había miedo en ellos. Vivir en el presente no era tan intenso como lo era para las víctimas. En presencia de tal experiencia, pude ver cómo ellos se habían liberado de la atracción del mundo físico.

Con mi formación cristiana, suponía y tal vez esperaba un pequeño atisbo de remordimiento. Quería escuchar a los terroristas, a los ángeles o a alguien decir que lo lamentaban. Deseaba escuchar que algo bueno podría venir de ello, pero no escuché nada de aquello. Luego, por encima de ellos, surgió una nube dorada que se formó y se movió como si fuese dirigida. Cuando pregunté en mi mente, me dijeron, o tuve la sensación de que me dijeron, que los terroristas estaban concentrando sus pensamientos. Sin embargo, lo que pasaba por ellos no emanaba de sus propios pensamientos. Con una ambición hambrienta, pura y no diluida, ellos parecían estar comunicándose con la fuerza de Dios dentro de ellos.

Los ángeles con faz benigna también acudieron donde los terroristas como un rayo de luz que se hizo más grande por el momento, y escuché la corriente de palabras de aliento que inundaron mi mente. Las palabras fueron:

- "Se nos enseña el amor de un Poder Superior tan pronto como aceptamos las nuevas condiciones de vida después de la muerte. Él no es la Fuerza Divina abstracta que conocen la mayoría de los humanos en la tierra. Debemos reconocer que este Poder Superior está en el corazón de todo. Él es el único poder que fluye a través de toda la creación. Solo puedes conocerte a ti mismo cuando comprendes que esta Fuerza Divina es el único pozo desde el que puedes extraer el agua de la vida. No hay otra fuente cuando tenemos este concepto mental de un Poder Superior".

Me di cuenta entonces que nos enseñaban cómo utilizar su poder. Sin embargo, hasta entonces, no nos abandonan en un mundo objetivo. Puede parecer objetivo, pero ha sido creado por la mente intangible de un Poder Superior con su voluntad fluyendo a través de cada imagen de su creación y dando vida a todos. En ese momento, también comprendí que los terroristas debían aprender y comprender que en las tres dimensiones de nuestro mundo físico, nuestros cinco sentidos no nos aclaran más que un ciego. Al final, se fueron con la promesa de que al llegar al otro lado, todas las cosas, como obtener conocimiento, luz y sabiduría, eran suyas. Entonces las palabras terminaron, y una vez más hubo silencio.

Cuando todas las almas celestiales fueron elevadas desde el suelo, el Maestro Cósmico comenzó a caminar hacia adelante, y todos los demás lo siguieron en una única fila. Aunque no pude ver sus pies, tuve la clara impresión de que estaban caminando hacia arriba, como si estuvieran caminando o trepando por una colina muy empinada. En cuestión de segundos, literalmente, miles de almas celestiales habían alcanzado los cielos. Luego, cuando en el extremo posterior de la hebra trenzada de hilo dorado, vi a miembros de la familia y amigos entrar al cielo celestial, sentí un tirón, un tirón muy fuerte dentro de mi propio corazón, como si hubiese estado conectada a la hebra trenzada de hilo dorado todo el tiempo. Mirando entonces a mi alrededor, con todo el tremendo dolor que estaba sintiendo, en ese instante en particular, lo último que recuerdo es ver y escuchar el colapso de las Torres Gemelas de la ciudad de Nueva York. Esto lo vi desde lejos, hasta que me di cuenta conscientemente de que ya había entrado en otro punto en el espacio y el tiempo. Cuando me volví totalmente consciente de mi entorno, me di cuenta de que estaba conectada a la hebra trenzada de hilo dorado, y que los ángeles estaban depositando, o dejando, grupos de Espíritus del Alma en ciertos reinos de vida a los que se referían como "esferas". El grupo de ángeles parecía estar moviéndonos a través de diferentes estados de materia. Su objetivo era claramente doble. En primer lugar, querían presentar los Espíritus del Alma a sus cuerpos nuevos u originales. En segundo lugar, los ángeles querían llevarlos a un nuevo lugar en el que pudieran enfocarse en el perfeccionamiento de sí mismos.

Con solo una excepción, cada vez que nos deteníamos en una esfera en particular, un grupo de Espíritus del Alma y varios ángeles quedaban atrás. Y antes de continuar, se identificaba la esfera y su razón de ser. Mientras los ángeles hablaban, tuve la impresión que ellos estaban al tanto de mi presencia. Hablaban como si fuese su alumna también. Su comportamiento me recordó I Corintios 15:31, donde Pablo dijo: "Yo muero diariamente", lo que significa que él era capaz de abandonar la forma física en cualquier momento, dejándola en un estado de "sueño" o animación suspendida, mientras él viajaba con plena conciencia y visitaba los planos espirituales. Fue aquí donde mi conciencia registró por primera vez nuestra partida desde el primer plano más allá de la tierra. Esta comprensión me hizo una mejor estudiante, y conscientemente comencé a prestar atención al más mínimo detalle.

Como algunos de ustedes ya saben, hay muchos niveles conocidos de esfuerzo o planos de expresión. Estos incluyen astral inferior, astral, y el primero al cuarto planos verdaderos del espíritu. Hay siete planos astrales, y cada uno varía en densidad. Cada plano está habitado por Espíritus del Alma, y dependiendo de las vibraciones de sus cuerpos astrales, cada plano se vuelve más refinado a medida que uno sube la escalera del progreso. A su vez, cada uno de estos planos tiene divisiones llamadas zonas horarias, o esferas, que albergan los Espíritus del Alma que pertenecen a ese período de tiempo. Con respecto a la constitución social de las "esferas", cada vez más intenso y creciente en acción son seis más, distinguidas como las esferas espirituales. Cada una está dividida en seis círculos, o sociedades, en las que los espíritus afines se unen y subsisten bajo la ley de la afinidad. Aquí, la ley de la atracción opera a medida que se continúa una relación familiar, donde el espíritu del alma de cada miembro busca la iluminación en la misma ley cósmica. La ley de la naturaleza, que es la fuerza suprema llamada ley universal, debe obedecerse para poder alcanzar cada esfera. Todo individuo permanece en el plano para el que está equipado hasta que somete su voluntad a la ley universal. A medida que progresa, aprende nuevas leyes, pero son fundamentalmente las mismas, solo que se vuelven más intensas y vitales hasta que el Espíritu del Alma se convierte en parte de la ley misma.

Para mí, las esferas se asemejaban a zonas o círculos concéntricos de materia extremadamente fina que abarcaban la tierra como cintos o cinturones. Cada esfera tenía una separación distinta de las otras y parecía estar regulada por leyes cósmicas fijas. Son entidades absolutas, no proyecciones mentales sin forma, y tan tangibles como los planetas del sistema solar o el plano de la Tierra en el que residimos. Tienen latitud, longitud y atmósfera de aire peculiarmente vitalizado. Las corrientes eran vigorizantes, placenteras, suaves y ondulantes. La superficie de la zona tenía una gran variedad de paisajes, algunos de los cuales eran más pintorescos que otros.

Me dijeron que cada esfera giraba con la Tierra en un eje común, formando el mismo ángulo de la eclíptica. Cada uno se mueve con él alrededor del sol de la Tierra, pero no depende de ese sol ni para la luz ni para el calor.

No reciben un rayo perceptible de esa fuente. Sus emanaciones de luz parecen provenir de un sol etérico, que es concéntrico con el sol de la Tierra. Finalmente, no hay división del tiempo en días, semanas, meses o años, ni alteración de las estaciones.

Es difícil entender dónde se encuentran estas esferas, pero hay muchas cosas bastante difíciles de comprender. Los instrumentos astronómicos nos han mostrado que el sol está a 149,6 millones de kilómetros de la Tierra, pero esto realmente no transmite nada a la mente, porque uno no puede comprender tal distancia. Sabemos que la luz viaja a una velocidad de 300.000 kilómetros por segundo, pero no podemos entender esa velocidad, ya que no hay nada tangible para compararla. Nuestro conocimiento real de la electricidad, del magnetismo o incluso de la gravitación es limitado, como lo es nuestro conocimiento de todas las leyes de la naturaleza. Entonces, ¿no es extraño que uno tenga dificultades para apreciar qué es el espacio y cómo está poblado?

Este pensamiento mío es incluso ahora libre y puede atravesar el espacio, pero va con los ojos cerrados; no oye ningún sonido y no siente tacto. Sin embargo, al morir, cada sentido se acelera, y toda la vida que llena el espacio es visible para los sentidos espirituales, y tangible para el tacto espiritual y el cerebro. Deduzco de todo esto que el espacio debe tomar forma, sustancia y realidad en un mundo de pensamiento.

Con respecto a la segunda pregunta: ¿adónde va la persona cuando muere? La respuesta varía para cada individuo según su misión en la vida, así como otros factores relacionados con las leyes universales. Lo que sigue es una porción minuciosa de la riqueza de información que recibí durante el tiempo en que tuve el privilegio de estar en compañía de muchos y en presencia de mi Maestro Cósmico Superior.

1. La primera esfera es generalmente donde debe hacerse la restitución. En esta esfera inferior, uno ve mucho sufrimiento entre aquellos que todavía están ligados a la tierra. Dado que están ocupados resolviendo decisiones críticas que se tomaron en el pasado, en general, la mayoría de los espíritus del alma aquí están preocupados. En parte, esto se debe al hecho de que,

en la transferencia, vuestro Espíritu del Alma no pierde nada de su inteligencia; tampoco se agrega algo a su comprensión. Entonces, por ejemplo, aquel que estuvo loco durante su vida en la tierra seguirá loco en esta esfera. Un espíritu del alma que ha sido loco en la tierra será cuidado en la primera esfera. Se le dará el tratamiento adecuado para que su mentalidad se restablezca a la normalidad. Las participaciones en eventos, como guerras o ataques terroristas, son ejemplos de lo que necesitamos para la restitución. Además, cualquier odio, muerte y destrucción que construyamos hacia el enemigo afecta la naturaleza burda de nuestro yo inferior, y debemos sufrir las consecuencias de ese comportamiento. Por último, para los ignorantes y viciosos, la porción de bien que hubo encontrado expresión en ellos se desarrolla y se dirige.

2. La segunda esfera es una de instrucción. Es un período de estudio durante el cual el Espíritu del Alma adquiere conocimiento de sí mismo y de la ley natural. La ley de la atracción opera aquí, donde un número de hombres pensantes buscan descubrir las fuerzas ocultas de la naturaleza. Aquí es donde nuestro Espíritu del Alma se adapta a una vida más amplia y mejor. Aquí deben liberarse de la carga de cualquier mala acción. El objetivo es disipar la oscuridad de cualquier acción errónea mientras se está en el cuerpo físico, así como también todas las deudas con la humanidad. Trabajan con ojos limpios y una visión clara, y al final, están en paz con todos.

    a) En esta esfera, se muestra a los niños cómo vivir ideales espirituales. Muchos están allí como resultado de guerras. Los niños que mueren con sus padres durante las guerras entran en un período de transición. Luego se reunirán en la esfera más adecuada para la progresión de su familia. Otros niños están allí porque no fueron amados en la Tierra y ahora están experimentando amor materno. En el plano físico, llamamos a estos niños "fallas por prosperar". Cuando un niño muere antes que sus padres, se lo somete a un proceso de reeducación. En este proceso, se le permite al niño ir con un guardián al plano de la Tierra para vigilar el progreso de sus padres y, cuando es el momento adecuado, la familia se reúne.

3. En la tercera esfera es donde nuestro Espíritu del Alma comienza a enseñar a aquellos que se encuentran en las esferas inferiores. Aquí, los Espíritus del Alma que son ingenieros son capaces de magnetizar nuestras habitaciones en el plano físico. En el proceso, podemos escuchar las frecuencias de sus vibraciones como voces. Este no es un proceso automático; uno debe pedírselos en oración. También aquí encontramos mujeres que en la tierra nunca se casaron o estuvieron casadas, pero sin hijos, por una razón u otra. Estas mujeres pueden estar cuidando niños o enseñando a otras mujeres sobre el tema de la maternidad. Tal vez, habrían sido grandes madres en este plano de la Tierra, pero como la oportunidad pasó para ellas, su deseo los siguió a la otra vida.

4. En la cuarta esfera, pude detectar una respuesta parcial a la quinta pregunta que la mayoría de la gente me pregunta sobre la muerte: ¿se romperá todo contacto con los seres queridos? En esta esfera, nuestro Espíritu del Alma está involucrado en la prueba y la tentación. Los Espíritus del Alma que habitan esta esfera son capaces de sentir nuestros pensamientos amorosos. Aunque no siempre es posible que las personas los vean, nos visitan y, a veces, dejan sus huellas.

5. En la quinta esfera, nuestro Espíritu del Alma comienza a trabajar con la verdad espiritual. Es aquí donde se conocen el error y la falsedad. Una persona vendrá a esta esfera si ha fallado en el momento crucial y ha anulado el bien que podría haber hecho. Somos los custodios de mucho conocimiento. A través de nuestras investigaciones, aprendemos muchas cosas. Si por nuestra posición hubiéramos podido hacer mucho bien pero no lo hicimos, eso es un obstáculo, y antes de que podamos progresar, debemos volvernos fuertes en cualquier área donde fuimos débiles. Es interesante notar que, no hay progreso posible en el más allá, para alguien que ocupa el puesto de líder espiritual en la tierra, hasta que haya buscado en su

plano a todos aquellos que siguieron sus enseñanzas y los llevó a la verdad. Además, debe quedarse y esperar hasta que lleguen aquellos que todavía están en la vida terrenal para que su error sea corregido lo más pronto posible. Promulgar enseñanzas desconocidas o impracticables mientras se está en este plano terrestre es un asunto serio. Viola una ley cósmica, creando así una deuda kármica para la humanidad.

6. Cuando llegamos a la sexta esfera, noté que los Espíritus del Alma ya estaban trabajando en armonía. Ninguno de los Espíritus del Alma de nuestros grupos, ni ningún ángel, se quedaron en esta esfera, y no se dio ninguna explicación. Deduzco de esto que tal vez no hubo Espíritus del Alma asignados a esa esfera entre los que perecieron ese día. O, quizás, yo no tenía los antecedentes necesarios para capturar las razones de la existencia de la Sexta Esfera.

7. En la séptima esfera es donde el Espíritu del Alma alcanza el plano de exaltación y se convierte en uno con el Gran Espíritu que gobierna el universo. Aquí es donde un maestro iluminado iría a vivir en una condición de perfecta luz interior y felicidad. En esta esfera, la palabra "iluminación" significa la completa conciencia de todas las cosas sin modificaciones mentales. Es más fácil para los Espíritus del Alma, quienes han logrado una vida más elevada y más pura, alcanzarnos en esta séptima esfera que en cualquier otra. Sin embargo, las almas espirituales en la séptima esfera nos alcanzarán y nos contactarán solo en casos de emergencia, casi como cuando ocurre un milagro.

Cuando dejamos la séptima esfera, nos dijeron que cuando un Espíritu del Alma va de una esfera a otra, también pasa por un cambio de muerte. En este caso, al igual que la muerte física, se advierte al individuo que el cambio está cerca y tiene tiempo para poner su mente en un plano de pensamiento correspondiente, de modo que esté preparado para enfrentar la nueva vida. Cuando llega el momento, lo ponen a dormir, con el pensamiento dominante en su mente de que debe hacer el cambio. Cuando llega este cambio, su hogar deja de estar entre sus antiguos amigos. El pensamiento lo ha capacitado para el progreso, y cuando el pensamiento que lo mantenía en el plano anterior ha cesado, la encarnación de ese Espíritu del Alma, que se mantiene unido por su pensamiento, ya no es visible. En ese instante, uno simplemente deja de ser un habitante de una esfera, y en el momento, uno se convierte en un habitante de otra. Cuando el Espíritu del Alma se despierta, él está en su nuevo hogar, la esfera siguiente. Este cambio no es lineal, pero siempre es para una vida mejor y más elevada. La única excepción es que no hay un cuerpo viejo para enterrar o descomponer. A medida que nuestro Espíritu del Alma progresa de una esfera a otra, se vuelve tan grande y universal que a veces pensamos que van más allá y deben perder su personalidad. Debido a que toda la materia astral deja de existir en el plano espiritual y solo el espíritu puro funciona allí, a menudo creemos que cambian su individualidad a otra forma. Me sorprendió descubrir que mi suposición no era cierta.

Cuando comencé a digerir los tremendos detalles de nuestros Espíritus del Alma escuché una voz melódica susurrar, "¡Pero hay más!"
Sonaba como la voz de Victoria y esperé más, pero no escuché nada. Percibí que la visión estaba terminando y, en cuestión de segundos, mi mente consciente viajó rapidísimo por el espacio. Sentí la ráfaga de aire como si fuese lanzada a través de un vasto espacio y luego abrí los ojos como si hubiera despertado de un sueño…

En mi experiencia visual del ataque terrorista, que tuvo lugar el 11 de septiembre de 2001, también fue una lección intensamente interesante sobre las víctimas y el terrorista en general. Esta visión onírica me mostró muchas de las condiciones que prevalecen en la otra vida. Espero que a estas alturas les haya impresionado que el desprendimiento del Espíritu del Alma de la forma física sea un proceso natural. Esto es cierto incluso cuando la muerte es inesperada o violenta. Sin embargo, en el caso de un impacto repentino, como el que tuvimos durante el ataque terrorista del 11 de septiembre de 2001, un poder superior y su infinita misericordia jugaron un papel importante en el proceso de la muerte de muchos.

En un impacto repentino tal como un shock, un accidente, una catástrofe, un ataque cardíaco o un suicidio, en la mayoría de los casos, el cuerpo espiritual completo, incluidos los cuerpos astral y mental, queda completamente libre del cuerpo físico al ser éste impactado. En tales casos, los tres átomos simientes son separados o despojados del cuerpo físico en tan solo un segundo. En cualquier muerte violenta, el Espíritu del Alma pasa por un cierto grado de shock. El sueño profundo que parece caer sobre la conciencia de estos Espíritus del Alma parece ser mucho más rápido, casi a la velocidad del rayo. Debido a esta rapidez, no hay sufrimiento ni dolor. La conciencia es bloqueada hasta que el Espíritu del Alma ha sido completamente separado y se coloca en un estado de paz, antes de que la conciencia se reanude en el otro lado.

En referencia a las víctimas del ataque terrorista del 11 de septiembre de 2001, me enteré ese día que, aunque el abandono del cuerpo viejo fue sin dolor, es algo terrible desalojar un espíritu fuerte de un cuerpo sano porque no es natural despedazar literalmente sus envolturas. Debido a que este tipo de muerte no es natural, la sensación después de la muerte es horrible. Aprendí que para esas víctimas, sólo a través de la muerte podían progresar. Las ventajas personales más allá de lo físico fueron mayores que aquellas en el plano material.

Desde aquella visión onírica, es claro para mí que las personas llevan a la otra vida el mismo Espíritu del Alma que tuvieron en esta vida, despojados de la carne exterior. Todo está resuelto. No hay nada dejado al azar. Por medio de la visión psíquica, podía percibirlos tan agudamente que eran tan reales para mí como si una impresión hubiera entrado en mi retina. Me llené de felicidad porque sabía que se había producido un gran cambio. Dentro de los terroristas, un Maestro Cósmico Superior les había quitado todo lo que habían deseado eliminar. Sentían que un poder les había proporcionado una experiencia deliciosa, que a menudo habían imaginado en cierta medida, pero que apenas se atrevían a creer que fuera posible. Era evidente para mí que los terroristas habían realizado un largo viaje y habían llegado a una casa de descanso. Sin sueños que perturbaran su descanso, se habían despertado como un gigante renovado. Lo que les trajo el mayor conocimiento fue que habían ganado lo que una vez creyeron haber perdido.

En mis últimas reflexiones de hoy, puedo apreciar el hecho de que incluso el viento puede solidificarse, porque el viento es la atmósfera. Todo en el mundo es sustancia, y todo es vida. Son una y la misma cosa, porque la vida nunca ha existido y nunca puede existir sin materia. Para mí, el cerebro, por ejemplo, parece una buena máquina en constante acción. En esta fina máquina, cuando un pensamiento se forma y se libera, a través del movimiento de la materia nos alcanza. Cuando entran, hay una consistencia definida de materia en movimiento que pasa a la máquina del cerebro. No solo podemos verlos entrar, sino que, aunque son limitados, también podemos verlos surgir instruidos para hacer lo correcto de una manera que no puedo describir. Si podemos ver entrar esta materia, podemos entender su psiquis total. Estos son reconocibles para nuestra visión por la forma perfecta que existe en cada uno.

Entre los dos grupos descritos anteriormente, el trabajo de las víctimas fue construir el carácter. La gran ley que hizo esto posible, y la más elevada para la humanidad, es la influencia de la tierra que justifica tanto a las víctimas como a los terroristas.

Para aquellos de ustedes que se pregunten: "¿Cómo sucedió esto?" y "¿Qué significa?", créanme, me hice también las mismas preguntas. Hoy han pasado casi veintitrés años y, en cualquier momento, puedo aislar todavía el tremendo dolor que sentía en mi corazón en aquel instante. Eso es lo que me ocurrió.

¿Cómo pasó esto?

Bueno, mi cuerpo físico estuvo en el mundo físico, que es una de las siete subdivisiones del Séptimo Plano Cósmico. Dejé mi cuerpo ahí y fui a la subdivisión del plano cósmico llamado el mundo de los pensamientos. Fue allí donde jugué con la idea de que los miembros de mi familia y amigos estaban muertos. Luego pasé o llegué al segundo plano cósmico donde tuve la visión onírica mientras estaba despierta. Fue aquí donde me di cuenta, y pude confirmar, que los miembros de la familia y amigos habían hecho su transición a los siguientes planos de vida. Esto significa que fui consciente de que, aun cuando mis cuerpos estaban en diferentes planos cósmicos, se encontraban bien alineados y en perfecta armonía.

Todo esto, es decir, la visión onírica que experimenté, fue como mirar la grabación de una parte de una historia que tuvo lugar en algún momento del pasado… una historia cinematográfica… una película de algo que ya había ocurrido. Tuve el gran honor de observar lo que había ocurrido en los planos cósmicos antes mencionados. Vi lo que pasó allí antes de que tuviera lugar en el mundo físico. El colapso de las Torres Gemelas fue el final de la película.

También vi la magnífica orquestación de la película. Cuando algo sucede en el plano físico, es porque ya ocurrió en los planos cósmicos espirituales. La hora o el tiempo físico es solo un punto de referencia para nosotros los humanos. Para que algo se manifieste en nuestro mundo físico, ese algo debe estar completo y en armonía con los otros mundos y debe haber tenido lugar en los planos cósmicos espirituales. Por lo tanto, el evento tuvo lugar en el segundo plano cósmico, y el colapso de las Torres Gemelas fue el final de la historia.

¿Qué significa esto?

Para mí, esta experiencia ilustra la idea de que:

- ❖ Nunca, nunca, estamos solos; nuestro Maestro Cósmico Superior está siempre con nosotros.
- ❖ Para esas víctimas, la muerte física tuvo lugar antes del ataque terrorista. Tal vez sea así con cada muerte física de este tipo.
- ❖ En este plano físico, estamos conectados con las relaciones que nos hemos dados. Pero en el plano espiritual, todos somos uno. Todos somos uno, conectados por un largo hilo trenzado dorado. Podemos identificarnos como: "el padre de", "la madre de", "el hermano de", "la hermana de", "el tío, la tía, el sobrino, la sobrina de" o simplemente el amigo de alguien. Pero más importante aún, somos ciudadanos de un punto en el espacio del universo.

Por favor, no olvidemos que "del Espíritu viene la Luz". ¡Sí! De hecho, del Espíritu viene la Luz. Si olvidamos que "desde el Espíritu viene la Luz", comenzaremos a ocuparnos en nimiedades. Si entiende esto, si realmente entiende este concepto, comenzará a darte cuenta o comprender lo mezquino de las disputas sobre una bandera de cualquier nación en un momento como este.

Las víctimas que fallecieron junto con nuestros familiares y amigos, el 11 de septiembre de 2001, no fueron solo estadounidenses. Muchos eran ciudadanos de países fuera de los Estados Unidos. Países como Israel, India, África, República Dominicana e Italia, solo por nombrar algunos. Algunas de estas personas estaban ahí, legítimamente realizando una tarea para sus países. Eran la madre, el padre, el hermano, la hermana, el primo de alguien, o quizás simplemente el amigo de alguien. El hecho de que no los hayamos conocido no significa que no estuviésemos conectados. Significa solo que tenemos que buscar más profundamente dentro de nosotros mismos por ese hilo trenzado de oro.

Desde aquel brutal ataque terrorista, he recibido cientos de cartas y correos electrónicos de todo el mundo expresando apoyo y solidaridad. Fue interesante notar que todos ellos describieron la intensa emoción que estaba sintiendo en mi cumpleaños, el 11 de septiembre de 2001. Esas palabras resonaron al unísono con el hecho de que todos somos ciudadanos del mundo. Muchas de las personas que escribieron dijeron que habían incluido en sus oraciones a las víctimas, a sus familiares, a sus seres queridos, así como a toda la humanidad. Mientras que muchos otros han expresado lo que se ha atrevido a ocurrir en nuestro planeta, la tremenda profundidad de cada persona que escribió me dice que todavía hay esperanza para todos nosotros. Su genuino cuidado amoroso y sus buenos y amables buenos deseos, tanto a nivel personal como colectivo, me dicen que todas las personas están "caminando su conversación" y que sus almas están al unísono con todas las almas celestiales que perecieron en aquel día de mi cumpleaños, 11 de septiembre de 2001.

Alguien dijo una vez que si creyéramos que la muerte no significa la aniquilación sino solo el cambio de la conciencia a otras esferas, entonces no importa si vivimos o morimos. Sin embargo, cuando nuestro Espíritu del Alma ha viajado a través de los años de infancia, de juventud y de adultez, y realmente estamos comenzando a ganar experiencia, cuanto más podamos prolongar el tiempo de experiencia, más podemos ganar y más servicios podemos mostrar a nuestro prójimo, haciendo de este mundo físico un mundo más rico para toda la humanidad.

Como seres humanos, ignoramos cómo vivir en este plano físico. En muchas áreas de esfuerzo, no hemos aprendido cómo prepararnos para el nacimiento espiritual o la muerte física. Tampoco apreciamos ni comprendemos los deberes y responsabilidades que descansan sobre el individuo y su relación con la sociedad o consigo mismo.

Entonces, ¿Cómo podemos vivir aquí, ahora y más allá con nuestro Maestro Cósmico Superior?

1. Primero tenemos que cultivar la sensibilidad al mérito, lo que nos permite evaluar, mediante los estándares absolutos de nuestro Maestro Superior Cósmico, los trasfondos de nuestra vida diaria. Debemos discernir infaliblemente aquello que tiene más valor a los ojos de nuestro Más Elevado Maestro Cósmico y que es muy apreciado por nosotros. Esta sensibilidad al valor requiere una delicada conciencia de nuestros motivos y actitudes para que podamos reconocer nuestros hábitos de pensamiento por lo que ellas son exactamente.

2. En segundo lugar, recuerde que durante nuestra transición, durante las ochenta y cuatro horas posteriores a la ruptura del cordón plateado, en el viaje por el camino del juicio que atravesamos, lo que se refleja son los motivos de los individuos. No es tanto lo que hace un hombre mientras está en la tierra sino la razón por la que lo hizo. El mal que hace un hombre no es tan importante como el motivo por el cual lo hizo. Porque el motivo revela el hábito de pensamiento que indujo a la acción, y éste revela a su vez, lo que somos o creemos ser. El Espíritu del Alma no puede ascender en su vuelo ascendente hasta que la limpieza haya sido realizada. Además, el juez es

el Espíritu del Alma mismo, cautivo de sus propias formas de pensamiento del mal.

3. En tercer lugar, tenemos dos átomos simientes que trabajan para nuestro libre albedrío y un destino de nuestra propia creación y nuestra propia elección. Me explico. Si, por ejemplo, un individuo nace con la tendencia de ser violento hacia su cónyuge, esa debilidad se encontrará registrada en el átomo simiente astral emocional como una cualidad innata del carácter de ese individuo. En este caso, podemos decir con seguridad que este átomo simiente es el registro de los deseos de ese individuo, así como el registro de su vida emocional. Podemos decir esto porque ese átomo simiente vierte sus partículas atómicas en el torrente sanguíneo del individuo, y su influencia se transmite al sistema glandular endocrino. Con esto en mente, el punto que trato de explicar, aquí, es que el átomo simiente astral es la suma total de las cualidades emocionales de ese individuo. Estos se han acumulado a través de las edades del pasado de ese individuo. Si esto es cierto, estoy segura de que todos estarán de acuerdo conmigo en que el átomo simiente astral se relaciona con el presente y el futuro del hombre. Otro punto a señalar es que un átomo simiente puede cambiar su calidad, en cualquier momento del presente, gracias a los esfuerzos del individuo.

Así que… ¿Cómo podemos usar este conocimiento para vivir aquí, ahora y más allá con nuestro Maestro Cósmico Superior? Bien, comencemos nuevamente.

Preguntémonos primero: ¿qué es una emoción? Una emoción es simplemente un pensamiento, y un pensamiento puede cambiarse. Volviendo al ejemplo que di antes, una persona con una debilidad por la violencia hacia su cónyuge necesita preguntarse: "¿Cuáles son los patrones básicos de pensamiento - en mi conciencia - que han creado esta condición?" Una vez que encuentre respuesta a esta pregunta y puede identificar los patrones de su vida que han creado dicha condición, puede comenzar a cambiar esos pensamientos básicos innatos.

Como se dijo anteriormente, el átomo simiente del corazón contiene un registro del pasado de la persona. Este átomo simiente lo mantiene muy restringido a su pasado kármico y su "destino". ¡Sí! Podemos vencer el pasado dentro del átomo simiente del corazón, pero requiere poderes espirituales más allá de la evolución del hombre común. Para hacer esto, uno debe conseguir que la influencia de su vida diaria sea tan poderosa que contrarreste la influencia del átomo simiente del corazón físico, a medida que vierte sus esencias vibratorias en nuestro torrente sanguíneo, anulando así sus efectos sobre el sistema glandular. El llamado "karma del pasado" debe ser superado por las poderosas cargas del registro del presente, derramado desde los átomos mental y astral, que no puede echar raíces en tu vida y perderá su poder para herirle o causarle angustia de cualquier tipo. En particular, el aprendizaje de la verdad se convierte en combustible para su mente, llevándole a estados de éxtasis. Las experiencias que tenemos en la vida dejan una impresión en la mente inconsciente. Estas impresiones se hacen realidad aquí porque nuestras mentes imponen sobre nosotros las limitaciones de nuestros pensamientos.

Esta visión onírica fue la primera vez que El Armónico me permitió experimentar la curación de un evento histórico durante y después de los períodos de oscuridad. Es claro para mí que si no vivimos como deberíamos, el día de la muerte nos encontrará en esclavitud, atados por grilletes que nosotros mismos fabricamos, porque las ataduras a las que estamos acostumbrados en la tierra no son tan esclavizadoras como la que tenemos después de la muerte. Muchas tareas serán desagradables y no de nuestro gusto, pero serán las mismas tareas que necesitaremos ejecutar. Espero que cada uno de ustedes siga donde atrae la luz de la guía espiritual y que hace las cosas que Ud. encuentra para hacer en el camino. Cuando sea capaz de ver y conocer las condiciones del Espíritu del Alma en las esferas espirituales, comprenderá cuán importante es que las personas se iluminen sobre este tema mientras aún están en la tierra. Espero que todos ustedes lleguen al momento en que el átomo simiente en su corazón no destile nada sino la excelencia en el torrente sanguíneo. Un momento en el que las imágenes que se liberan en el torrente sanguíneo, y se envían desde allí para influir en las glándulas, serán una corriente constante de partículas de vida, amor y energía divina purificadas y fuertemente cargadas.

Y ahora, para terminar este capítulo sobre el tema de la muerte y el fallecimiento, permítanme presentar un poco de hechos y también relatarles una historia de una tribu africana. En mi búsqueda de información objetiva relacionada con este tema, encontré una investigación médica reciente, realizada por el neurólogo Oliver Sacks, MD, donde sugirió que el sonido estimula la liberación de varias endorfinas y es una herramienta de gran poder en muchos trastornos neurológicos tales como la enfermedad de Parkinson y la enfermedad de Alzheimer debido a su capacidad única para reorganizar la función cerebral dañada. Esto me lleva a la historia de una cierta tribu africana titulada *"Su canción: lecciones de una tribu africana"*. Un extracto de aquella historia es como sigue:

"Cuando una mujer de la tribu africana Himba sabe que está embarazada, sale al desierto con unos pocos amigos y juntos oran y meditan hasta que escuchan "la canción del niño". Ellos reconocen que cada Espíritu del Alma tiene su propio vibración que expresa su aroma y propósito únicos. Cuando todas las mujeres sintonizan la canción, la cantan en voz alta. Luego regresan a la tribu y se lo enseñan a todos los demás.

"Cuando nace el niño, la comunidad se reúne y canta la canción del niño. Más tarde, cuando el niño ingresa a la educación, el pueblo se reúne y canta la canción del niño. Cuando el niño pasa a través de la iniciación a la edad adulta, la gente vuelve a unirse y cantar. En el momento del matrimonio, la persona escucha nuevamente su canción.

"Finalmente, cuando el Espíritu del Alma está a punto de irse de este mundo, la familia y los amigos se reúnen en la cama de la persona, tal como lo hicieron en el momento del nacimiento, y cantan a la persona para la próxima vida.

"En esta tribu africana, solo hay otra ocasión en la que los aldeanos le cantan al niño. Si en algún momento de su vida, la persona comete un delito o un acto social aberrante, se llama al individuo al centro de la

aldea y las personas de la comunidad forman un círculo alrededor de ellos, y luego les cantan su canción.
"La tribu reconoce que la corrección del comportamiento antisocial no es un castigo; es amor y recuerdo de la identidad. Cuando reconoces tu propia canción, no tienes ganas o necesitas hacer algo que lastime a otra.

"Un amigo es alguien que conoce tu canción y te la canta cuando la has olvidado. Los que te aman no se dejan engañar por los errores que has cometido o las imágenes oscuras que tienes sobre ti. Recuerdan tu belleza cuando te sientes feo; tu integridad cuando estás quebrado; tu inocencia cuando te sientes culpable; y tu propósito cuando estás confundido. Puede que no hayas crecido en una tribu africana que te cante la canción en las transiciones cruciales de tu vida, pero ésta siempre te recuerda cuándo estás en sintonía contigo mismo y cuándo no. Cuando te sientes bien, lo que haces coincide con tu canción, y cuando te sientes mal, no lo hace. Al final, todos reconoceremos nuestra canción y la cantaremos bien". Atribuido a: Tolba Phanem, poetisa africana, en el tema Paternidad, Espíritu, corazón y alma editado el 15 de junio de 2012.

Espero que pueda aprender hoy las cualidades y los hábitos de la realidad, así como también que su vida se expanda en otras vidas. Los conocemos solo si somos lo suficientemente humildes para darles la bienvenida y somos suficientemente generosos para pagar el precio repetidamente. Esto se logra a través de una vida práctica y concreta. No debemos esperar con impaciencia que algo nos suceda por la Gracia de Dios. Pero debemos buscar la Gracia de Dios viviendo, pensando, aventurándonos y orando de una manera definida y práctica. Por lo tanto, la luz que reside en cada hombre a medida que entra en este mundo se convierte gradualmente en una llama que guía su vida. Cuando morimos, nuestras vidas en los otros planos no son un aura vaga de bondad amorosa, sino que son el centro de todas nuestras energías, capacidades, pensamientos, imaginación y deseos.

"Como arriba, así es abajo", viviremos en el plano espiritual tal como lo hemos vivido aquí en el plano físico. Nuestros hogares en los planos espirituales son los lugares permanentes de nuestro Espíritu del Alma que reúne en él los objetos de belleza que él ama, y allí nuestro armonioso Espíritu del Alma viene y va, como tú lo haces en este plano físico o vida terrenal. Estas casas son tan reales allí en ese plano espiritual como lo son las tuyas para ti aquí en el plano físico. La única riqueza que un hombre lleva más allá de la tumba es lo que él regala antes de llegar a la tumba. Por favor, seamos sabios. Comencemos a construir nuestros nuevos hogares en los planos espirituales perfeccionando nuestra manera de pensar y deshaciendo el mal en la tierra y también ayudando a otros a hacer lo mismo. Como dice la historia de la tribu africana: "Al final, todos reconoceremos nuestra canción y la cantaremos bien. Puede que sea desafinado en este momento, pero así ocurrió también con todos los grandes cantantes. Sigue cantando y encontrarás el camino a casa".

Así concluye este capítulo sobre el tema de la muerte y el fallecer. Gracias, muy amable por su divina presencia. Que la luz que viene del Espíritu esté con usted hoy y siempre. ¡Dios le bendiga!

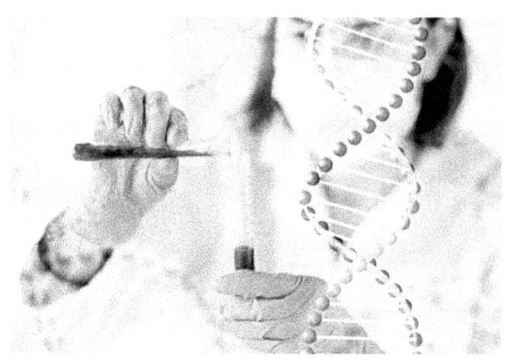

11.

El Vehículo Del Ego

"Debemos pensar las cosas, no las palabras, o al menos, debemos traducir constantemente nuestras palabras en los hechos que representan, si queremos mantenernos en lo real y lo verdadero"

—Oliver Wendell Holmes

Dentro de mis experiencias laborales y educativas hay una muy gratificante que me enseñó cómo nuestro cuerpo físico es utilizado por el Ego como un vehículo. Esta experiencia física comienza un jueves, cuando dibujaba una imagen de lo que creía ser mi concepción de un Espíritu del Alma. En los últimos cuatro o cinco años, había completado una investigación sobre curación celestial y había publicado mis descubrimientos. Aunque el estudio había sido uno de mis esfuerzos más gratificantes, mi búsqueda del "Maestro Interior" era todavía una vívida imagen de una gama de ondulaciones eléctricas sin forma, cuyas frecuencias habían permanecido dentro y alrededor de mí desde que era muy joven.

Aquel día me di cuenta de cómo estas ondulaciones eléctricas afectaban mi vida. Las emanaciones de este cuerpo, sin forma y perfectamente equilibrado, eran ondas etéricas. Se sentía como algo prácticamente invisible, casi intangible y altamente magnético, cuya naturaleza parecía estar compuesta de vibraciones eléctricas. La mayor parte de mi existencia había vivido en compañía de estas ondulaciones eléctricas; sin embargo, nunca había cuestionado su existencia o su guía o cómo parecía crear una imagen en mi cabeza.

Durante toda mi vida, he sido protegida y guiada divinamente; en mi corazón, solo una paz profunda ha existido, y que he sentido emanada de un Maestro interior. También he sentido una enorme gratitud porque en mi práctica de curación celestial se me ha permitido transmitir ese precioso regalo a otros. Cuando vuelvo a mirar esos años de mi vida, noto el esfuerzo y cómo ellos desarrollaron mi evolución espiritual; mi vida física, educativa y espiritual había sido muy exitosa. Todo andaba bien alrededor y dentro de mí, y sentía que ya era hora de emprender una búsqueda de las ondas etéricas que habían enriquecido mi vida. Entonces, en ese estado de ánimo, pensé en el poema titulado "Inspiración", uno de mis poemas favoritos de Henry David Thoreau,[56] cual dice:
"Oigo cuando antes sólo tuve oídos
y veo cuando antes sólo tuve ojos,
vivo momentos cuanto antes sólo viví años,
y desgrano la verdad cuando antes sólo conocí lo transmitido.
"Oigo más allá del umbral de lo audible
veo más allá del horizonte visual,
nuevas tierras, nuevos cielos y mares alrededor
y en tal cénit el sol palidece".

El poema de Thoreau llamó mi atención de que la función de estas ondas etéricas son los ojos utilizados en la visión psíquica. Creo que, tal vez, la impresión que resulta de su funcionamiento da una sensación a nuestra conciencia de algo similar a la de la intuición. De hecho, para poder ver objetos formados por vibraciones, que el ser humano promedio no puede ver en absoluto, no es una tarea fácil. Es difícil determinar si una impresión que nos llega a través de ondas etéricas se produce al ver, escuchar o de alguna otra manera. Fue en esta conciencia que comencé a pensar en las investigaciones experimentales en la luz realizadas por

Albert Abraham Michelson (1852-1931). Él midió la velocidad de la luz en el agua y descubrió que era solo tres cuartas partes mayor que en el aire, y posteriormente, se convirtió en el primer científico estadounidense en recibir el Premio Nobel. Estas reflexiones me llevaron a un estado en el cual deseaba dibujar una imagen de las ondas etéreas que eran vívidamente claras dentro de mi cabeza, y me hice las siguientes preguntas:

- ❖ "¿Puedo formular una imagen gráfica clara para que la vea el ser humano promedio?"
- ❖ "¿Es esto lo que hace un artista cuando pinta una imagen?"
- ❖ "¿Realmente tenemos que ser artísticamente inclinados?"
- ❖ "¿Se trata de tener la capacidad, o la velocidad, para discernir una impresión que nos llega a través de ondas etéricas?"

Para dar una respuesta a estas preguntas, decidí hacer un dibujo de lo que creía que era la estructura jerárquica de un alma. Dibujé una imagen aproximada de esa imagen mental y me encontré dibujando otros detalles que no eran parte de la original, lo que dio lugar a otras preguntas. Durante el tiempo que estuve creando la imagen, pasaron muchas cosas, y mucha información en forma de ondas etéreas vino a mí. A medida que la nueva información era captada, me encontré dibujando sus respectivos detalles. El borrador final del dibujo parecía ser una estructura jerárquica completa de un alma, pero parecía que mis habilidades artísticas requerían una mayor mejora; además, todas mis preguntas continuaban sin respuestas. Al no ser una artista por vocación o una experta del alma, me sentí descalificada para preguntar o comprobar la perspectiva de la imagen que percibí en mi mente o sus detalles, así que estuve agradecida por ese hermoso día y me sentí humilde por la experiencia.

Varios años después, tras una grave lesión en la espalda y de una difícil rehabilitación postquirúrgica, mi amiga Lena me llamó. Cuando contesté el teléfono, ella dijo:

- "Alexandra, he estado pensando en ti. Y te llamo para ver si puedo ir a visitarte".
- "Hola Lena. ¡Qué bueno escuchar tu voz", respondí.

- "¿Tiene algún plan para hoy?", preguntó ella.
- "No, Lena, no tengo planes para hoy. Puedes venir".
- "¡Estupendo! Llegaré a tu casa dentro de una hora", respondió ella.
- "Bien, conduce con cuidado", le dije.

Lena era una joven madre soltera que amaba tiernamente a su hijo. Ella había trabajado como agente de bienes raíces y, junto con un asociado, poseía un negocio que se ocupaba de la preparación de documentos legales. Ella había asistido a la mayoría de mis cursos espirituales, y yo había desarrollado una amistad con ella, su socio y sus amigos. Cuando ella llegó a la casa, le dije:

- "Es genial verte, Lena. ¿Cómo estás?", pregunté.
- "Estoy bien", replicó. "Tengo un tiempo libre hoy, así que vine para llevarte a dar un paseo. Conozco una tienda de delicatessen vegetarianas en el camino y podemos parar allí y conversar un rato", continuó.
- "El viaje y la comida suenan deliciosos, pero todavía estoy un poco inestable en mis pies", respondí.
- Ella dijo: "¡No te preocupes! Estarás sentada en el auto, y cuando te canses podemos detenernos en algún lado y estirar las piernas".
- Respondí: "No sé si podré manejar la salida en este momento; mi espalda sigue ardiendo".
- "Oh… ¡Vamos!", dijo con cierta tristeza. "Es un hermoso día. Tengo un tiempo libre hoy, y quiero ocuparlo contigo. Además, el aire fresco será bueno para ti", agregó.
- "¡Sí!", acepté. "Es un hermoso día, en realidad… está bien, estoy convencida, podemos ir a dar un paseo corto", concluí.

Ese día, Lena me llevó a un hermoso lugar con un jardín de flores, que era la entrada a un bello templo de curación rodeado de grandes y tranquilos terrenos. Había visitado muchos templos antes, y la mayoría de ellos eran tan hermosos y pacíficos como este. Era el templo de curación de una organización mística internacional. Después de contarme cómo se familiarizó con el lugar, me sugirió encarecidamente que me quedara en la casa de huéspedes por unas semanas y descansara. Caminamos hasta la casa de huéspedes donde me presentó a la administradora, Miss Hands, quien me recibió en el terreno y me dio un breve paseo por la casa de huéspedes y una corta charla sobre la organización. También me presentaron a Nancy, la persona a cargo del Departamento Esotérico, y me dieron las primeras lecciones de su curso de filosofía preliminar.

Luego fuimos a comer a un restaurante que estaba cerca, y Lena habló sobre su hijo, su trabajo y sus actuales circunstancias. Mientras hablaba, me quedé hipnotizada por su hermosa sonrisa contagiosa y la forma en que sus ojos se cerraban cuando se reía. Luego me concentré en su campo áurico. Fue muy visible para mí mientras hablaba. Era como un manto a cuadros de diferentes tonos y tonalidades de rojo. Era una mujer fuerte, trabajadora, con muchos talentos, un gran corazón y un gran deseo de ayudar a su prójimo. Con cada movimiento y gesto que hacía, su campo áurico se volvía más translúcido, y las diferentes tonalidades y tonos de rojo parecían fundirse en un manto violeta que cubría todo su cuerpo físico. Estuve agradecida, por decir lo menos, de que se me permitiera tenerla como amiga y de que me sintiera honrada de ver la enorme presencia y amabilidad de su Espíritu del Alma.

Cuando regresamos, Lena caminó conmigo hasta la casa. Nos despedimos, y le dije lo feliz que estaba de estar con ella y lo mucho que había disfrutado de su compañía. Ella me dijo que la llamara si necesitaba algo y me agradeció la oportunidad de pasar ese hermoso día conmigo. Esa noche, recibí una llamada de uno de mis ex alumnos de enfermería pidiéndome clases sobre técnicas de meditación y quería saber si estaría disponible para dictarlas. Le conté sobre mi viaje con Lena y que estaría disponible para dictar las clases si me daba, al menos, ocho semanas para recuperarme de la cirugía.

La semana siguiente, mientras recordaba el viaje con Lena y los hermosos y pacíficos fundamentos de la orden mística, examiné las primeras lecciones del curso de filosofía preliminar, que me había dado Nancy en el Departamento Esotérico. Era casi como si hubiera visto esas lecciones antes. Miré en mis archivos y descubrí que, anteriormente, había completado ese curso, pero que nunca supe nada de la organización mística. Llamé a Nancy para verificar la finalización del curso y, aunque tenía información relacionada con el corrector de mis lecciones, ella no tenía constancia de mi finalización del curso o registro de un alumno con mi nombre. Como habían pasado varios años y no se encontró ninguna documentación, ella recomendó tomar el curso nuevamente, y como tenía las respuestas a todas las lecciones de ése curso, decidí hacerlo. Luego llamé a Miss Hands para ver si tenía habitaciones disponibles en la casa de huéspedes y reservé una por una semana.

Esa semana se transformó en varios meses durante los cuales descansé y luego me ejercité caminando por los hermosos y espaciosos jardines. Fue en esta organización mística donde, por primera vez, entré en contacto con la estructura jerárquica del alma. Miss Hands me presentó el texto original del fundador de la organización, un libro que nunca había leído, y pude comprarlo allí.

Entre todo el material escrito y original del fundador, encontré una imagen de la estructura jerárquica del alma. Tal imagen era casi idéntica a la que había dibujado tiempo atrás. El libro del fundador fue publicado en 1909; suponiendo que el diagrama se dibujó al mismo tiempo, indicaba que, sin ver el diagrama, había esbozado un duplicado aproximado casi noventa años después. Luego, a medida que avanzaba mi rehabilitación, comencé a hacer trabajo voluntario para el Departamento Esotérico y completé las lecciones elementales de filosofía que me brindó el Secretario Esotérico de la organización mística. También me puse en contacto con otras personas que también se alojaban en la casa de huéspedes. Entre esas personas había dos miembros de la organización que siguieron siendo mis amigos hasta su transición. Durante ese tiempo, pude dictar la clase de meditación para mi estudiante de enfermería.

Después de trabajar varios años para esta organización, me convertí en el Secretario Esotérico de las Secciones italiana, portuguesa y española del Departamento Esotérico. Durante esos años, recibí muchas cartas en las que los miembros desafiaban la afirmación del fundador de que la sangre en el cuerpo humano es un gas. A medida que leía estas cartas, me maravillaba de la capacidad de los miembros para presentar un argumento muy fuerte para su posición. Mientras leía tales cartas, era obvio para mí que habían investigado mucho sobre el tema. También noté que sus argumentos eran sólidos y se centraban en la cuestión de la sangre y sus características, lo que indica que estos miembros estaban muy bien informados en su campo de trabajo.

El punto de vista físico que elegían los miembros, relacionado con la cuestión de si la sangre humana es o no un gas, era muy popular. Entre las cartas recibidas había dos formas de leer, ver y tal vez interpretar la declaración del fundador, pero en temas de esta naturaleza, uno siempre puede encontrar otra opinión.

Para definir este tema en términos que todos los lectores puedan entender, comencemos con las conferencias básicas de la teoría cinética molecular de Albert Einstein. Ud. ve que para discutir las propiedades de la sangre primero debemos establecer una línea base de datos sobre ciertas pautas "¡para tener el buen criterio de aceptar la evidencia, que sea objetivamente probada, si queremos permanecer dentro del círculo de la seriedad!", como dijo uno de los miembros. En este intento, no tendremos la posibilidad de asumir algo que otra persona no esté diciendo.

Comencemos con los hechos básicos y establecidos que, afortunadamente, nos llevarán a la definición de sangre. Se dice que una molécula es la sustancia más pequeña posible, compuesta de dos o más átomos, similares o diferentes, que existen independientemente y aún conservan las propiedades de la sustancia de la que forman parte. Según esta definición, O_2, H_2, HCL y H_2SO_4 son moléculas. Es la velocidad de vibración de las moléculas lo que determina si una sustancia es sólida o fluida.

Cuando usamos la palabra sólido, nos referimos al cuerpo de una sustancia que conserva su forma cuando está confinado en un contenedor, o uno que no es fluido. Un sólido conserva su forma porque sus moléculas son muy compactas y, por lo tanto, se mueven a un ritmo muy lento de vibración.

Un fluido, por otro lado, no es una sustancia sólida, sino que es capaz de circular. Debido a esta característica, toma la forma del recipiente que lo contiene. Un fluido puede ser líquido o gas. Los líquidos y los gases no tienen forma porque sus moléculas están más separadas, lo que les permite moverse a una velocidad mayor de vibración que los sólidos. Las moléculas de un gas tienen una tasa de vibración más alta que las de un líquido.

Con la explicación anterior, la sangre es definitivamente un fluido. Sabemos por nuestras clases de biología que la sangre circula por las arterias, los capilares y las venas. Esto también demuestra que la sangre es un fluido. Ahora, de los dos fluidos, la siguiente pregunta a responder es si la sangre es un líquido o un gas, que es la pregunta que los miembros estaban discutiendo.

Un químico belga, Van Helmont, acuñó la palabra "gas". Según su definición, un "gas" es un fluido delgado, capaz de expansión indefinida, a menudo se puede transformar en líquido por compresión y frío. El aire, por ejemplo, es un fluido inelástico, que por medio del frío y la presión ha cambiado a otra forma.

Los miembros tenían los siguientes argumentos para desafiar la declaración del fundador de que la sangre es un gas. El argumento presentado por los miembros es que el análisis de gases en sangre arterial proporciona la determinación objetiva de lo siguiente:

1. *Oxigenación de la sangre arterial*: la cantidad de oxígeno (O_2) y dióxido de carbono (CO_2) presente en la sangre arterial, así como el pH de la sangre.

2. *El apropiado intercambio de gases*: los medios para evaluar la adecuada ventilación alveolar. Esto ayuda a determinar el estado de equilibrio ácido-base en el cuerpo; si la acidosis o alcalosis está presente y en qué grado.

Sin embargo, lo que sigue no se menciona en sus argumentos, y creo que es pertinente teniendo en cuenta que, hasta que se analice la muestra de sangre, se deben tomar las siguientes precauciones:

1. La jeringa se tapa después de obtener la muestra de sangre **para evitar el contacto con el aire ambiental**.
2. **El contenedor se coloca en un recipiente de agua helada** porque la temperatura más baja reduce el metabolismo y minimiza la alteración del verdadero valor del oxígeno (O_2), el dióxido de carbono (CO_2) y el pH.
3. El análisis de gases en sangre debe hacerse lo más pronto posible **ya que la tensión del gas y el pH pueden cambiar rápidamente**.
4. **Cuando se evalúan los resultados de laboratorio, se toman en consideración las mediciones de la temperatura y las respiraciones del paciente.**

Si se observa detenidamente las palabras en negrita y cursiva de arriba, se notará que si la sangre humana fuese un líquido, no habría necesidad de estas precauciones, porque un líquido no es capaz de expansión ilimitada.

Algunos miembros declararon que el intercambio de O_2 y CO_2 se produce entre el aire alveolar y la sangre capilar pulmonar y esto ocurre por difusión gaseosa. Estos miembros están en lo correcto. Este es un hecho conocido de nuestras clases de biología; sin embargo, en este punto, debo agregar que los gases sanguíneos no siempre se obtienen de la sangre arterial.

Dependiendo del propósito del análisis de gases en la sangre, los gases de la sangre venosa también pueden ser recolectados y analizados. La sangre arterial es la que se ha oxigenado en los pulmones, tiene un color rojo brillante y se encuentra en las venas pulmonares, el lado izquierdo del corazón y las arterias, mientras que la sangre venosa es la que está cargada con materiales de desecho, que ha pasado por los tejidos (capilares sistémicos) y se le entrega una porción de su contenido de oxígeno. Además, la sangre consiste en plasma y suero. El plasma es la porción fluida de la sangre que contiene numerosas células: eritrocitos, leucocitos, plaquetas y la hemoconia (pequeños fragmentos de glóbulos rojos). Estos elementos están suspendidos en el plasma, no se disuelven "físicamente" en él. El plasma sanguíneo difiere del suero sanguíneo principalmente por el hecho de que contiene fibrinógeno.

Según recuerdo, un miembro describió muy bien el cambio de la señal acústica del ecodoppler cardíaco y presentó el siguiente argumento: "Mientras que el N_2 (o cualquier otro gas inerte) deja el cuerpo solo a través de la circulación sanguínea y los pulmones, en la dirección opuesta a la que entró". Este miembro también está en lo correcto. El nitrógeno (N_2) es un elemento gaseoso que compone aproximadamente la 77ava parte del peso de la atmósfera. En el cuerpo humano, se excreta en la orina como urea, aminoácidos, ácido úrico, etc. Cuando se encuentra en la orina, cada gramo de nitrógeno urinario indica la descomposición en el cuerpo de 6,25 gramos de proteína catalizada. Cerca de la mitad del nitrógeno no proteico en la sangre está contenido en la molécula de urea; de ahí que el peso de la urea en el plasma sanguíneo sea casi el mismo que el del nitrógeno total no proteico. La disminución de nitrógeno se puede estimar directamente; en la sangre es de aproximadamente 25 mg por 100 c/c. Esta información se refiere al argumento que los miembros tenían con respecto a la pregunta: "¿Cómo se forma la orina, dado que los riñones filtran la sangre?" Esta pregunta se abordará cuando el lector tenga información adicional.

Exploremos ahora el lado espiritual, no tan común, de la cuestión de si la sangre es o no un gas. Sé que este no es el punto de vista que nuestros miembros eligieron como base para sus argumentos. Sin embargo, debe abordarse, porque tengo la fuerte sensación de que esta es la plataforma que el fundador de la organización utilizó para las enseñanzas, "¡por lo que debemos tener el buen sentido de aceptar la evidencia que está objetivamente probada si queremos permanecer dentro del círculo de la seriedad!"

Una de las declaraciones más frecuentes de muchos de nuestros miembros fue: "Si la sangre fuera un gas, se vería". Esta idea es importante por el lado espiritual de la afirmación del fundador. Aristóteles fue el primero en mencionar que había una relación entre el color y el sonido. Él pensaba que los colores, en nuestra conciencia, creaban una sensación de sonidos o, sonidos que pasaban por nuestros oídos y alcanzaban la conciencia de color, producían los colores. El término técnico para esta relación se conoce como sinestesia. La conciencia del sonido parece estar estrechamente relacionada con nuestra conciencia de ver el color, y la conciencia del color parece estar muy relacionada con nuestra conciencia del sonido. Sabemos que la diferencia de color se debe a las diferencias en las vibraciones. Es esta diferencia en la vibración la que me impulsó a formular las siguientes preguntas:

1. "¿Qué origina la diferencia en las vibraciones?"
2. "¿Es la misma diferencia en la velocidad de las vibraciones que encontramos en las moléculas de sólidos, líquidos y gases?"
3. "¿Por qué es que un rayo de luz blanca contiene tantos colores y mezclas de colores, y sin embargo, nuestros ojos no ven esos colores a menos que un prisma los separe?"
4. "¿Es esta la misma condición, la misma limitación humana o el mismo don aún no descubierto, que nos impide ver la sangre como un gas?"

En uno de sus libros, el fundador de la organización mística aborda el desafío "si la sangre fuera un gas se vería" afirmando que:

- "Se demuestra fácilmente que la vida está en la sangre, porque si bien a veces podemos impunemente cortar un brazo o una extremidad, no podemos vaciar el cuerpo de sangre sin matarlo también". Así, la sangre es el vehículo particular del Ego, y como en los últimos siglos de desarrollo hemos cristalizado la materia para formar nuestro cuerpo denso, así también está destinado que, ahora, debemos volver etéreos nuestros vehículos para elevarnos a nosotros y al mundo fuera del reino de la materialidad y dentro del mundo espiritual. Naturalmente, por lo tanto, el Ego apunta primero a hacer que la sangre sea gaseosa, y para la visión espiritual, esta sangre roja no nucleada no es un fluido, sino un gas. No es argumento contra esta afirmación que, en el momento en que nos pinchamos la piel, la sangre sale como un líquido. En el momento en que abrimos el grifo de prueba de una caldera de vapor, el gas también se condensa en un líquido, pero si hacemos un modelo de motor de vapor de vidrio y observamos cómo funciona el vapor allí, solo veremos el pistón moverse hacia atrás y hacia adelante, conducido por un agente invisible, el vapor vivo. De manera similar, como el vapor vivo directo de la caldera es invisible y gaseoso, también la sangre viva en el cuerpo humano es un gas, y cuanto mayor es el estado de desarrollo de un Ego, más etérica es capaz de producir la sangre. Cuando por los procesos vitales, los alimentos han alcanzado este elevado estado alquímico, comienza el proceso de condensación y el gas de la sangre se transforma en tejido en los diversos órganos para reemplazar lo que se ha gastado o destruido por las actividades del cuerpo.[57]

Aparentemente, esta condición no se encuentra exclusivamente en la sangre. En otro libro, el autor también afirma:

- "El canal espinal, contrariamente a las ideas de los anatomistas, no está lleno de líquido, sino de un gas que es como vapor, ya que puede condensarse cuando se expone a la atmósfera exterior, pero también puede recalentarse por la actividad vibratoria del espíritu a tal punto que se convierte en un fuego brillante y luminoso, el fuego de la purificación y la regeneración.[58]

En esta línea, permítanme presentar otro ejemplo. Los físicos, en particular los metalúrgicos, hablan de los metales en términos de tener una característica, una cualidad o una personalidad. Nos dicen que si golpeas un metal muy duro, las moléculas cambiarán sus características. Fue este descubrimiento lo que los llevó al proceso de estabilización de la nitroglicerina y la creación de dinamita, además de producir acero sueco.

Golpear un metal con cierta fuerza hace que el metal olvide lo que se suponía que debía hacer. Golpear a una persona con un objeto filoso también produce el mismo efecto. Cuando una persona queda inconsciente, se olvida en dónde están y quiénes son. Se olvida de lo que estaba sucediendo, cae al suelo y yace allí hasta que, de repente, recobra el conocimiento. Es el mismo tipo de cosa que sucede cuando

Ud. se desmaya. Con una excepción, es el mismo tipo de cosas que le sucede al metal. Una excepción más notable es que cuando un metal, un sólido, es golpeado con cierta fuerza, queda inconsciente y se convierte en líquido. Además, cuando el metal recuerda lo que se supone que es, es diferente a cuando quedó inconsciente. Si entendemos este proceso correctamente, el metal es diferente porque las moléculas que estaban de acuerdo como metal, a medida que recobran la conciencia, se unen en una nueva formación, y el metal ahora adquiere las propiedades del acero endurecido.

"La ciencia reconoce el hecho de que no hay dos átomos - en ninguna sustancia - que se toquen entre sí, pero cada átomo oscila y vibra a una velocidad variable en el mar de éter que impregna toda la materia. También es bien sabido que todas las sustancias pueden reducirse a gas. Hierro, piedra, agua o cualquier otra sustancia que mencionemos es capaz de ser reducida..."[59]

Hoy, más y más personas están de acuerdo en que existe una inteligencia que permite que todas las cosas se mantengan unidas a nivel molecular. Formar un árbol, formar una silla, formar una lámpara, formar un vaso distinto al normal y que se mantenga unido corresponde a un proceso complejo y minucioso. No es la intención de la autora exponer sobre este tema, pero ¿qué significa esto para la persona promedio como Ud. y como yo? Creo que si observamos cuidadosamente las formas de vida que nos rodean, descubriremos que hay algo allí más allá de lo que parece. En mi humilde opinión, es algo que está en la superficie de aquello que se ve a simple vista, y que existe en forma de onda. Creo fervientemente que si nos damos la oportunidad de observar cuidadosamente la forma de onda, podemos ser bendecidos con la capacidad de interpretar lo que vemos, la idea es que si está allí en forma de onda, cada uno de nosotros puede ver e interpretar lo que vemos de varias formas, es decir verbalmente, escrito o dibujado en imágenes... al igual que otras personas pueden escuchar el sonido de mi voz; del mismo modo que las personas pueden mirar con sus ojos y ver algo a su alrededor, y detectarlo y describirlo en formas de pensamiento tridimensionales. Espero que esta información tenga algún sentido y que el lector comience a percibir las imágenes del cuadro que estoy describiendo aquí.

Si un metal tiene conciencia y un espíritu en este concepto de física cuántica, también tiene una personalidad, y eso también significa que es plausible para el metal tener una idea o recuerdo. Puede tener la capacidad de saber de dónde viene. Esta información puede estar allí; todo puede existir en una forma de ondas etéricas.

Toda esta información me lleva a deducir que el vehículo del ego es la única sangre verdadera. "Cuando la sangre se coloca bajo un microscopio, aparece como un número de glóbulos o discos diminutos, pero cuando es vista por el clarividente entrenado mientras atraviesa el cuerpo vivo, se descubre que la sangre es un gas, una esencia espiritual. El calor es causado por el Ego, que está dentro de esa sangre".[60]

Debido a que el ego existe en ondas etéricas, el clarividente entrenado es capaz de detectar su esencia espiritual y, por lo tanto, describirlo en formas de pensamiento tridimensionales. Por definición, se puede entender que este proceso tiene varios resultados, pero que es un proceso de niveles etéricos. Durante el proceso de gasificar la sangre, la frecuencia vibratoria de la sangre puede aumentar al doble. Para producir calor, el ego aumenta rápidamente la frecuencia vibratoria de la sangre y "cuanto mayor es el estado de desarrollo de cualquier Ego, más etérica es capaz de hacer la sangre".[61]

Cuando se hace referencia a la sangre humana como un gas, debe entenderse que se hace referencia al suero y al plasma, así como a cada elemento encontrado en la sangre. También implica que las moléculas de la sangre humana están más separadas que las de un líquido, lo que les permite moverse a un ritmo más rápido de vibración. El calor se describe como una niebla fría con textura espinosa. Tiene las cualidades de una sensación adormecedora a medida que asciende por una parte del cuerpo. No tiende a aumentar la temperatura de nuestro cuerpo, sin embargo, es cálido para el sentido táctil. El calor que está siendo originado por el ego no es calor térmico sino de naturaleza eléctrica. Su propósito es "volver etéreos nuestros vehículos para que podamos elevarnos a nosotros mismos y también al mundo desde el reino de la materialidad e ir hacia lo espiritual. Naturalmente, por lo tanto, el Ego apunta primero a hacer que la sangre sea gaseosa".[62]

Como se dijo anteriormente, es la velocidad de vibración de las moléculas la que determina si una sustancia es sólida, líquida o gaseosa. Cuando la sangre humana muestra su esencia espiritual, se encuentra en forma gaseosa de un fluido que solo se puede ver en ondas etéreas, pero cuando la sangre sale del cuerpo, se separa de su esencia espiritual y viaja como un líquido, o se evapora, causando la coagulación del resto.

Lo que aprendí de esta experiencia es lo siguiente. La vibración que percibo dentro y alrededor de mí es en el nivel de una forma de onda etérica. Si la teoría de que "el ego existe en ondas etéricas es correcta, entonces El Armónico también es el ego. Ahora, más que nunca, veo el trabajo literario del fundador como un almacén de hechos, una tremenda fuente de conocimientos. También comprendo que, ya sea que contenga líquidos, gases, sólidos o hechos, ningún depósito durará para siempre. Si tuviéramos que estudiar su definición, un depósito es algo que debería mantenerse en reserva para una emergencia, en caso de que se cierre el suministro habitual.

Hoy esta organización tiene una gran provisión de conocimientos. Me refiero a los estudios, la investigación y la acumulación de investigaciones posteriores que los miembros y los oficiales pudieron haber realizado. Siento que los miembros tienen la obligación de agregar conocimiento al depósito del fundador para la posteridad. Tengo la certidumbre de que la organización tiene miembros calificados en ciertas profesiones, como las ciencias, las artes, la literatura, el derecho y la medicina, así como ciertas áreas de experticia tales como la curación espiritual visible e invisible, que pueden ser verdaderos iniciados y pueden compartir y contribuir con sus hallazgos en sus propios campos profesionales con la humanidad.

Ahora, aquellos que han escrito sobre este tema tienen un desafío mayor. Yo los desafío, en este momento, a agregar conocimiento al almacén del fundador investigando este tema desde un punto de vista espiritual.

12.

Los Narcisos Verdes

"El comportamiento ético de un hombre debe basarse efectivamente en la simpatía, la educación y los lazos sociales; No es necesaria ninguna base religiosa. El hombre sería de una manera muy pobre si tuviera que ser restringido por el miedo al castigo y la esperanza de recompensa después de la muerte".

—Albert Einstein

Mi siguiente viaje comenzó a las seis de la mañana después de terminar mi meditación diaria. Ese día fue largo y lleno de tareas rutinarias y mundanas que había planeado hacer por mí misma. Según recuerdo, estaba en casa, durante mis vacaciones de verano y, entre todas las cosas que quería hacer, limpiar el jardín de mi casa era la tarea principal.

Decidí limpiar el patio alrededor de mi casa porque habían pasado tres semanas desde mi última limpieza, y el patio comenzaba a mostrar signos de abandono. Debido a que el frente de mi casa apunta hacia el este y el sol brilla intensamente allí por la mañana, decidí comenzar por el jardín delantero en caso de que el sol saliera temprano y se pusiera demasiado caluroso para que pudiera trabajar afuera.

Esa mañana, cuando salí, el patio delantero estaba cubierto de hojas, especialmente alrededor de los macizos de flores. En mi afán de limpiar esa área, antes de que el sol estuviera insoportablemente caluroso, comencé a trabajar rápidamente. Sin pensar más que en el trabajo mismo, comencé de inmediato a rastrillar las hojas. Cuando todas las hojas fueron recogidas y colocadas en las bolsas de basura, continué limpiando los macizos de flores delanteros. Una vez que los terminé y rastrillé las hojas, noté que el suelo estaba muy seco. Luego de una inspección más profunda, vi que todo el patio necesitaba agua, y como no había un sistema de rociadores para realizar dos tareas al mismo tiempo, consideré la necesidad de hacerlo a mano. Para aprovechar el tiempo, decidí comenzar con las jardineras traseras después de regar el patio delantero.

Mientras trabajaba en el frente de la casa, observé que el patio comenzaba a verse bien cuidado, y cuando miré el área total de mi propiedad, vi que la casa parecía más espaciosa y luminosa. También percibí que el sol comenzaba a calentar y que el frente de la casa estaba completamente hecho. En silencio, aprecié que la estrategia de trabajar rápidamente en la parte delantera de la casa había sido un éxito, y esa sensación de éxito me dio el impulso necesario para continuar.

Luego, aferrándome a dicha sensación, fui al patio trasero e inmediatamente comencé a limpiar los macizos de flores. Dentro de ese impulso de logro, sentía una tremenda oleada de energía y empecé a disfrutar del trabajo que realizaba. Mientras limpiaba las flores, me di cuenta de que cada flor tenía una naturaleza propia muy delicada y enigmática. La textura de cada flor se sentía diferente al tacto. También cada flor tenía un nivel específico de tolerancia y una respuesta propia que transmitía un mensaje. Sentí como si cada flor me hablara cuánta manipulación estaba dispuesta a permitir.

Mientras limpiaba los macizos de flores en la parte posterior de la casa, observé el día y también mi entorno. Era un día ventoso de verano en agosto, y en todo el aire se veían las huellas del verano en plena floración. El clima y las aves se encuentran entre algunos de mis vívidos y abundantes recuerdos de ese día. Me dieron la sensación de estar en el centro de un día irremplazable y memorable.

En mi mente, los detalles de ese bienaventurado día todavía están vívidamente grabados. Después de la limpieza de los macizos de flores en la parte posterior de la casa, el trabajo comenzó a requerir un esfuerzo menos consciente de mi parte y la labor se realizó más lentamente. De la misma manera, lenta y metódicamente, la limpieza de los macizos de flores tomó una perspectiva diferente, y vi el panorama completo que me rodea. Durante ese tiempo, estuve más en sintonía con mi entorno inmediato y pude disfrutar cada movimiento que hacía.

El cielo estaba lleno de nubes blancas y eléctricas con un fondo azul brillante. Al mirar al cielo, vi que muchas aves adornaban las ramas de mis árboles. En todo ese día, en el aire, estuvo el sonido tintineante e inconfundible de los pájaros. Su melodiosa mezcla de sonidos de canto tuvo un efecto calmante y tranquilo en los alrededores. Los árboles parecían llenos mientras sus hojas crujían con el viento fuerte y bullicioso.

A mitad del trabajo en la parte posterior de la casa, los macizos de flores parecían interminables, y de repente recordé que no había desayunado. Satisfecha con la gran cantidad de trabajo realizado – motivo suficiente para detenerse y descansar -decidí que era un buen momento para comer.

Después de limpiarme, entré a la casa por la entrada trasera. Cada vez que me ensucio trabajando en el jardín, uso la puerta de atrás de la casa porque conduce directamente a la cocina. Al hacerlo, camino por menos habitaciones con ropa sucia, y el interior de la casa se mantiene más limpio. Además, la cocina es más fácil de limpiar ya que el piso tiene linóleo en lugar de una alfombra.

En mi camino a la cocina, me pregunté por la hora que sería. Tenía ganas de comer algo caliente y decidí preparar una taza de sopa minestrone caliente y beberla afuera. Cuando entré a la cocina, el reloj en la parte superior de la estufa mostraba las 11:00 A.M. Me sorprendió ver cuán rápido había pasado el tiempo trabajando en el jardín. No parecía que hubiese trabajado durante cinco horas seguidas. Mi cuerpo no mostraba signos de fatiga y me sentía relajada. Tomando la taza de sopa, me senté a beberla en la parte posterior de la casa junto a los macizos de flores.

Mientras bebía la sopa, pensé en mi hijo Jarred. Me preguntaba que cómo estaba y si él vendría a visitarme ese día. Aunque estaba consciente de beber la sopa, seguía pensando en Jarred. En mi opinión, él estaba físicamente bien y de buen humor. Entonces con esa idea en mente, deje a un lado el pensamiento de mi hijo, terminé de beber la taza de sopa de minestrone y continué con el trabajo de limpiar los macizos de flores.

Cuando terminé todas las plantas en la parte posterior de la casa, recogí todas las herramientas de limpieza en un área. Luego regué todos los macizos de flores y fui al garaje a guardar las herramientas en sus respectivos lugares. En el camino al garaje, pensé nuevamente en mi hijo Jarred. Esta vez, en una voz suave y melodiosa que había escuchado antes, su nombre vino a mi mente. Escuché claramente a alguien susurrándolo en voz baja; Hice una pausa para escuchar, pero todo lo que oí fue la palabra "Jarred".

Aunque conozco al menos a seis personas con ese nombre, sabía intuitivamente que quienquiera que estuviera susurrando tal nombre se refería a mi hijo. Como la voz era familiar, miré a mí alrededor para ver si había alguien allí. Estaba sola, y no había nadie a mí alrededor o dentro del rango de audición. Todo lo que escuché fue un nombre, ¿por qué sabía que se refería a mi hijo? No sé por qué llegué a esa conclusión, pero sentí fuertemente que se refería a él o algo relacionado con él. Continué hacia el garaje y cuando todas las herramientas de limpieza estaban en sus lugares apropiados entré en mi casa y permanecí allí.

Una vez que estuve dentro, pensé en la voz pero no recordaba dónde la había escuchado antes. Me pregunté entonces si mi hijo estaba en peligro, pero algo dentro de mí dijo que estaba bien. Con esa idea en mente, abandoné una vez más el pensamiento de mi hijo.

Mientras preparaba el agua para el baño, decidí llamarlo por teléfono después del mismo. Mientras tanto, le envié buenos pensamientos en caso de que estuviera pasando por momentos difíciles. Cuando terminé el baño y lo llamé, él no estaba en casa. Le dejé un mensaje en su contestador automático y le aseguré que yo estaba bien y solo quería saludarlo. Cuando terminé y miré el reloj eran las 6:30 P.M., y comencé a preparar la cena.

Esa noche, antes de acostarme a dormir, mientras preparaba la ropa para el día siguiente, mi hijo y su rostro se hicieron muy vívidos en mi mente. Fue entonces cuando sentí que mi cuerpo comenzaba a girar en su eje. Parecía girar hacia la derecha y al mismo tiempo vibrar al unísono, con un fuerte tirón magnético hacia arriba. En ese momento, escuché un sonido que susurraba: "Estás allí", y mis ojos se abrieron con un profundo asombro como si hubiera despertado de un sueño. Esta voz era idéntica a la que escuché susurrando suavemente la palabra "Jarred", casi como si hubiera sido pronunciada por la misma joven mujer. Esta visión onírica comenzó cuando la imagen de la figura completa de mi hijo, sentada en un banco del parque, vino a mí claramente en mi mente. Parecía feliz, como si tuviera buenas noticias para mí; sin embargo, en mis pensamientos, tenía la cara de tristeza como cuando uno desea compartir con aquellos a quienes sentimos que tienen compasión y quizás dan una palabra amable.

Cuando me vio, se levantó como para saludarme y me dijo: "Bendición". El saludo es uno que le enseñé cuando era pequeño. Significa: "Por favor, dame tu bendición". Oí su voz con mucha claridad y sentí su presencia. Cuando me estaba preparando para responderle y darle mi bendición, sucedió algo extraño: la imagen de su rostro apareció de repente como una hermosa niña. Ocurrió muy rápido, y me quedé con mis palabras y mi boca abierta.

La niña llevaba un vestido blanco con un ancho cuello cuadrado. El vestido estaba hecho de un fino material de lino blanco. También usaba zapatos de cuero blanco con suelas de cuero delgadas, del tipo que usan los niños que ya están caminando, y deduje que tenía entre uno y dos años de edad. Su cabello corto y lacio era muy oscuro como el de mi hijo, y se curvaba hacia afuera, adornando su cara redonda y gordita. Sus ojos almendrados también eran oscuros como los de mi hijo. Brillaban cuando me miraba, con la intensidad de esos ojos que se ven en las muñecas de porcelana china. A lo largo de sus labios pequeños perfectamente delineados había una sutil sonrisa. Aunque sentía que ella era capaz de hablar, no dijo nada. Llevaba la ropa que uno usaría durante una ceremonia de bautismo. Cuando traté de ver otros detalles, note que la niña me daba el brazo; pero al extenderlo vi que era el brazo de una mujer adulta y que decía: "Aquí, tómala"; sin embargo, no veía el resto de la figura de la mujer.

Cuando la mujer me estaba dando a la niña, instintivamente supe que debía quedármela. Parecía que la reunión había sido planificada de antemano, y las condiciones ya habían sido acordadas. Las palabras en el fondo decían "Alyssa Porter". Cuando me entregaron a la niña, ella pareció aceptarme como su familiar, y yo entendí todos los detalles. Quise recibir a la niña y cuando extendía mis brazos para abrazarla, las imágenes desaparecieron. Luego todo se desvaneció en el aire, y una vez más estaba en mi habitación, preparando la ropa para el día siguiente.

Tres días después, mi hijo Jarred vino a visitarme y le conté mi visión. En ese momento, él era soltero, sin ningún plan de casarse o formar una nueva familia, y él dedujo de la visión de que su próximo hijo sería una niña. Sentí que sus sentimientos eran plausibles y agregué que, tal vez, esa hija se llamaría Alyssa.

Una tarde, dos años después, recibí una llamada telefónica de mi hijo Jarred. Después de contestar el teléfono me dijo:

- "Hola, mamá. ¡Bendición!"
- "Hola, Jarred, Dios te bendiga", respondí.
- "¿Vas a estar en casa mañana?", preguntó.
- "Sí, planeo estar aquí mañana", respondí.
- Él dijo: "¡Bien! Quiero que conozcas a mi novia. Ambos tendremos mañana el día libre".
- "Entonces será mañana, Jarred. Espero conocer a tu novia", respondí.

Después de establecer el día para la reunión, así como el lugar donde nos encontraríamos, él concluyó la conversación telefónica preguntándome:
- "Mamá, ¿puedes adivinar cuál es su nombre?"
- Yo dije: "No sé Jarred. ¿Cuál es su nombre?"
- Él dijo: "Alyssa".

El nombre despertó mi memoria, y comenzamos a preguntarnos si ella había sido la explicación de mi visión.

Durante el tiempo que salieron, mi hijo abordó con seriedad su relación, y yo comencé a querer a Alyssa. Cuando vi que su relación era firme, me pregunté si mi nieto sería abandonado si ellos se casaran y tuvieran hijos. Le pregunté a mi hijo si él y Alyssa habían discutido este tema. Dijo que sí y que mi nieto siempre sería parte de cualquier otra familia que tuviera.

Dos meses después del sexto cumpleaños de mi nieto, su padre se volvió a casar. Esta vez se casó con Alyssa y junto con los distintivos lazos familiares en la boda de su padre, mi nieto fue el portador del anillo. Tuvieron una hermosa boda y una preciosa luna de miel en Hawái. Mi hijo había elegido, una vez más, casarse, y la relación que tenía con mi nieto continuó de la misma manera y con la misma intensidad que antes.

Varios años después, mi nuera quedó embarazada y recordé la visión onírica. La idea de tener una nieta fue, para mí, un evento muy hermoso. Cada vez que pensaba en la niña pequeña de la visión, vi la mirada de porcelana de sus ojos castaños oscuros en forma de almendra y su rostro regordete y bellamente redondo. Mi mente comenzó a preguntarse si el bebé sería como el niño que había visto en la visión. Silenciosamente, la idea me atraía, y los pensamientos tenían un elemento de verdad, que yo sentía que era el motivo de la visión. Tenía la sensación de que el bebé estaría cerca de mí y que me dieron la visión para poder prepararme para la llegada de "algo".

A medida que el embarazo de mi nuera se acercaba a su término, me olvidé de la visión y continué preparándome para la llegada de mi nueva nieta.

A lo largo del embarazo, la espera me dio muchos buenos sentimientos junto con el anhelo de ver a la nieta. Esos sentimientos me daban una nueva e interesante perspectiva de la vida, y comencé a pensar en el placer que otro nieto traería a nuestras vidas. Entonces, mi nuera dio a luz a una hermosa niña. Su cabello era muy oscuro como el de mi hijo, y se curvaba hacia afuera, adornando su cara redonda y gordita. Sus ojos almendrados también eran oscuros como los de mi hijo, brillaban cuando me miraba, con la intensidad de esos ojos que se ven en una muñeca de porcelana china, y a lo largo de sus labios pequeños perfectamente delineados había una sutil sonrisa.

Unos meses después del nacimiento de mi nieta, tuve una interesante continuación de la primera visión. Esta vez, vi la continuación con mucho mayor detalle. Me sentí como si estuviera viendo la segunda parte de la misma visión. Aunque comencé con la segunda parte, la visión continuó como si el conocimiento de la primera parte todavía estuviera allí, profundamente oculto en mi mente consciente. Era como si hubiera soñado, hubiese vivido ocho años en estado de vigilia, y luego, hubiese vuelto al mismo sueño.

Según recuerdo, fue un ventoso jueves de septiembre. El clima era típico para el comienzo de la temporada de otoño. Era el comienzo de un nuevo año escolar y estaba preparando un cronograma para la rotación clínica de mis alumnos. El día había estado lleno de eventos, y estaba deseando que llegara el día siguiente. Cuando terminé el horario, eran las ocho y cuarenta y cinco de la tarde. Me duché y procedí a arreglar mis materiales para el día siguiente. Durante esta preparación de rutina, sentí que el día había estado lleno de acontecimientos y rebosante por la anticipación del nuevo grupo de estudiantes de enfermería.

Esa noche, cuando me fui a la cama, el reloj de mi radio mostró que eran las 10:05 P.M. Cuando recosté mi cabeza sobre la almohada, me sentí relajada y bendecida. Tenía todo lo que siempre quise y todo lo que deseaba. Pensé en todas las cosas que hicieron que mi vida se completara y agradecí a mi Poder Supremo por mi vida, por el privilegio de trabajar un día más en el cumplimiento de su decreto, y por todas las bendiciones futuras. En medio de todos mis buenos pensamientos, me dieron una continuación interesante de mi visión anterior.

Esta vez vi a la esposa de mi hijo, Alyssa, de pie detrás de una mesa de picnic en lo que parecía ser un parque comunitario, con una niña pequeña en sus brazos. Ella parecía estar esperándome, como si la reunión hubiera sido programada con anticipación. Su cara mostraba signos de fatiga, y parecía tener frío y algo determinada a completar una misión específica. La niña tenía aproximadamente uno o dos años y estaba en brazos de Alyssa. Cuando Alyssa me vio, se puso de pie y, sin saludarme, extendió los brazos como para decir: "Toma, acéptala".

Extendí mis brazos procurando aceptar a la niña y abrazarla. Entonces vi que era la misma niña que había visto ocho años antes. Esta vez, las imágenes no desaparecieron, y realmente me encontré abrazando a la niña. En esta visión onírica, sentí que Alyssa me estaba dando a la niña pequeña para llevarla a casa conmigo. También percibí que, entre Alyssa y yo, había un entendimiento previo entre nosotras. Sentí que el acto era bien comprendido, y en esa comprensión, yo no tenía nada que aclarar. Sentí fuertemente que había un acuerdo entre nosotras que impregnaba el acto en sí, y todo lo que necesitaba saber sobre el acto ya había sido discutido. Me quedé allí, sosteniendo a la niña en mis brazos, Alyssa solo me miró. Durante lo que pareció ser unos minutos, ninguna de las dos dijo nada.

- Luego le pregunté: "¿Cómo está ella?"
- "Ella es como tú", respondió Alyssa.

En sus palabras había una explicación implícita de que la niña era de naturaleza espiritual o quizás clarividente. Inmediatamente supe que entendería muy bien a la niña y sentí que era mi deber llevarla.
Lo siguiente que recuerdo fue preguntarle a Alyssa "¿Hay algo que deba saber sobre ella?"

- "¡Sí!", respondió ella.

Luego, antes de tener la oportunidad de responder, Alyssa se fue y yo estaba parada en el parque, frente a una mesa de picnic, sosteniendo a la niña en mis brazos. Con una postura fuerte y equilibrada, me puse de pie sosteniendo a la niña en mis brazos. Alyssa continuó alejándose de nosotros, y desde entonces solo vi su espalda. Cuando la imagen de Alyssa desapareció de mi rango visual, lo mismo ocurrió con la visión. Una vez más, estaba acostada en mi cama y vi que mi radio reloj mostraba las 10:05 P.M. Para mí, las preguntas más lógicas son:

- ¿Por qué me dieron la visión en más de una parte?
- ¿Qué está diciendo esta visión?
- ¿Dónde encontraré la respuesta a este acertijo?

Creo que las respuestas a estas preguntas se encuentran en el concepto de pensamientos fragmentados. Las respuestas satisfacen un elemento de lo desconocido, o lo que parece ser un eslabón perdido. Por lo tanto, en este capítulo, para responder estas preguntas, explicaré primero mi idea del principio de los pensamientos fragmentados.

La primera pregunta: ¿por qué me dieron la visión en más de una parte?, no es fácil de explicar. La forma en que lo hago es diciendo que esta es una manera de entender el concepto de una forma de pensamiento fragmentada. Esto significa que un mensaje completo me fue entregado en pedazos, y cada visión representa una pequeña parte o un fragmento de todo el mensaje.

La forma de explicar esta afirmación es relacionándola con la psicología. El pensamiento fragmentado es un término usado en psicología cuando un cliente participa en un diálogo que no tiene signos lógicos de un proceso de pensamiento. Esto significa que cuando el paciente está pensando, aunque los pensamientos se perciben en partes completas, lo que proyecta la persona le falta ciertos detalles y sus palabras no tienen sentido para los demás. En este proceso, lo que la persona percibe, en cualquier momento dado, puede estar completo, pero los detalles de esa percepción son solo una pequeña parte de un mensaje.

En mi línea de trabajo, me he encontrado con personas cuyo discurso fue clasificado como "pensamientos fragmentados" por las profesiones médicas y psicológicas. Fueron etiquetados así porque estos pacientes tienen dificultades para expresar un pensamiento completo y comprensible. Estos pacientes tienen dificultades para explicar lo que ven. Es como si retuviesen varios fragmentos claves de lo que están viendo en sus mentes. Como resultado, otras personas no pueden seguir su proceso de pensamiento y, por lo tanto, muestran una expresión deficiente del pensamiento al pronunciar las palabras.

Para continuar con este concepto de pensamientos fragmentados, la respuesta a la segunda pregunta: ¿qué dice esta visión?, ha sido un misterio para mí. En el concepto del principio de los pensamientos fragmentados, cada visión es parte de una sola forma de pensamiento. En cada parte hay un fragmento del todo, y una parte de su interpretación total y cada parte se da antes de que se produzca el fragmento anterior. Tenía la impresión de que la visión se me había dado en dos partes, por lo que tuve tiempo de prepararme para el evento. Al prepararme, pude desarrollar un nuevo nivel de conciencia, en el que un cambio de comportamiento se llevaría a cabo dentro de mí, lo que me permitió aceptar dicho evento o cualquier parte específica de él. En este concepto, cada parte de la visión debe mantenerse hasta que todas las piezas se reciban y encajen cuidadosamente en mi vida, antes de llegar a una conclusión; por lo tanto, la interpretación de cada visión se encuentra después de que se haya dado el mensaje completo. Como esta es la única visión que se me ha dado en más de una parte, no tengo nada con que compararla. "Siendo así", me pregunté a mí misma, "¿dónde encontraré la respuesta a este acertijo?" Y supe que esta respuesta podía ser encontrada. En este punto en el tiempo, percibí que en la visión había un amable recordatorio o quizás una llamada urgente y decidí dedicarme a los recuerdos de esa visión una vez más.

Dos años después de que tuve esta visión onírica, por primera vez, vi una pista de la visión. Fue en el momento cuando me presentaron a Alyssa, la esposa actual de mi hijo. Esta pista es demasiado pequeña y puede estar sujeta a interpretaciones erróneas. Desde entonces, he tenido visiones oníricas que no parecían estar relacionadas, y mi vida ha continuado funcionando como si esa parte no me perteneciera; sin embargo, cada vez que intentaba recordar esta visión – de particular interés para mí -, no podía descifrar el mensaje que contenía ni tampoco podía lograr llegar al punto clave del mensaje que me estaban entregando o a la esencia del tema. En lo profundo de mí, estaba segura de que el mensaje de cualquier visión onírica era la moraleja de la historia que atraía mi atención, para que pudiera aprender de ella y actuar en consecuencia. El lenguaje, las imágenes simbólicas y la interpretación de esta visión eran oscuros, sin embargo, no había duda en mi mente de que la visión tenía una preocupación subyacente para mi bienestar final. Entonces recordé una cita famosa de John Keats que decía:

- "¿Era una visión o un sueño despierto?

Se fue ya aquella música. ¿Estoy despierto o dormido?"
En general, un sueño recurrente usualmente significa un conflicto no resuelto, y el mismo sueño continúa ocurriendo hasta que lidiemos con el problema que lo inspiró. Quizás una visión onírica recurrente significa lo mismo. Comencé a preguntarme si en algún lugar, en el fondo de mi conciencia, había un mensaje de que esta visión onírica estaba colocando en primer plano, una línea directa a mi mundo interior que tenía que resolver. Luego, cuando empecé a reflexionar sobre el mensaje detrás de la reunión en el parque, una luz se encendió dentro de mí y, mágicamente, las piezas comenzaron a ubicarse en su lugar.

Es aquí donde esta historia me llevó a una experiencia muy personal, en la que mi mundo se convirtió en un ejemplo celestial de mi vida. Lo que estoy por divulgar será apreciado por aquellos cuya misión en este mundo es similar a la mía. Esta información es específicamente para aquellos que son sanadores celestiales en ciernes. Espero poder presentar esto de una manera que toque sus corazones de la misma forma que tocó el mío. Es mi deseo, mi esperanza y mi intención que lo que espiritualmente se me dio pueda ser escuchado y leído por aquellos Espíritus del Alma que buscan específicamente la información que quiero compartir con otros.

Cuando las personas entran en nuestras vidas, llegan en un momento determinado para ayudarnos a comprender un problema. La reunión sirve como un recordatorio de que la persona es parte de un problema en un vínculo común. Durante bastante tiempo, no me di cuenta del problema, pero después de reflexionar sobre el contenido del segundo fragmento de esta visión, recordé la cara de Alyssa. Su aspecto facial fue mi pista de que el problema tenía algo que ver con el perdón. De ser así, mi tarea inmediata era prepararme para el comienzo de ese tan esperado proceso de perdón.

Cuando las personas están unidas en un vínculo común, los lazos entre ellos son siempre muy fuertes. En este vínculo común, cada persona es una parte de las otras. Debido a que el vínculo común es tan fuerte, a veces una persona se utiliza como un conducto para mostrar los enredos de unos pocos. Cuando ese vínculo común carece de uno o varios ingredientes, el vínculo permanece, pero la esencia que tienen en común pierde algo de su esplendor y fuerza. Cuando esto sucede, dicho grupo se puede describir mejor como una sociedad distópica. Los que han escrito de este tema nos han dicho que una sociedad distópica básicamente contiene los ingredientes para caracterizar la miseria, la opresión y la privación; y así la han denominado disfuncional. En mi humilde opinión, este tipo de miseria humana es funcional en una sociedad distópica es una manera de introducir psicología reversal. Estos son casos donde los daños han sido tan graves que merecen ser presentados frente a un jurado espiritual y cancelar las deudas dañinas y kármicas con el proceso del perdón.

Debido a que creo que estas personas aún forman parte de un vínculo común y continúan siendo hermanos hoy, esto me lleva a creer que soy una parte de todos los que han sido parte y confabulado con todas las malas acciones contra mí y contra otros. También intuyo que cada sociedad distópica posee otra característica: en medio de todas estas intrigas… cuando todo está dicho y hecho, y la fiesta termina, los buenos siempre prevalecen al final. Cuando esto sucede, el vínculo común ha sido sanado y cada Alma Espiritual puede completar su misión terrestre.

En mi humilde opinión, para permitir que el vínculo común reúna nuestras almas entre sí, debemos comenzar por la curación de los ingredientes que nos han unido. Este proceso de curación es una experiencia de aprendizaje para todos aquellos que están componiendo los lazos del vínculo común. En este proceso, debemos comenzar por sanarnos a nosotros mismos. Esto se puede lograr curando esa parte de nosotros que está dentro de cada persona y dentro de ese vínculo común. Con esta comprensión llegó a la confirmación de que yo fui parte del vínculo que nos unía... Sabía que tenía que comenzar ese proceso de perdón. Ese día, después de completar un proceso de perdón, relacionado con esta visión onírica, tuve una visión muy bella y humilde en la que vi un camino rodeado por un profundo tono azul celeste. Mientras observaba lo que me rodeaba, escuché la voz melodiosa de una mujer que decía: *"Este es el camino que te lleva de dónde vienes"*.

Mientras continuaba orientándome a los alrededores, vi treinta y tres narcisos verdes. Esa voz armoniosa dijo:

- *"El camino al cielo está pavimentado por un delicioso aroma de narcisos verdes".*

La información que siguió fue muy detallada y culminó en un resumen de lo comunicado. Ella dijo:

- *"Este camino representa los años en la tierra, en nuestro cuerpo físico denso, que nos lleva a aquel dorado vestido de bodas. Los narcisos representan lo que hemos elegido como nuestra misión. Cada narciso es una vida de años terrestres, y mientras más narcisos existan a lo largo del camino, más vidas hemos tenido. Cada vida coincide con la misión que hemos elegido para regresar a ese lugar de dónde venimos. La flor a lo largo del camino es siempre un narciso, para representar la bienvenida espiritual de las trompetas anunciando que un visitante terrestre ha regresado para quedarse. Representa la frecuencia vibratoria que hemos adquirido en todas nuestras vidas para regresar desde donde vinimos. En nuestro mundo físico, el color verde es una combinación de amarillo y azul. El narciso amarillo se vuelve verde cuando pasamos por la vida y nos damos el lujo de completar el proceso del perdón".*

Un narciso es una planta del género Narcissus, que tiene una raíz bulbosa, hojas largas y angostas, y una flor con una corona en forma de trompeta de un tono amarillo intenso. El color de los narcisos que veremos a lo largo de este camino es verde. Mientras escribo este capítulo, han transcurrido más de veinticinco años y no ha habido ningún fragmento adicional de esa visión onírica.

SOBRE EL AUTOR

"Aprendamos a desprendernos, a no dejarnos abrumar por las circunstancias y condiciones de este mundo. Recordemos constantemente que en el corazón de nosotros mismos, como en el corazón de todos los seres humanos, siempre hay un guardián silencioso y vigilante: el Maestro Interior".

—Christian Bernard, FRC Imperator,
The Rosicrucian Order AMORC.

Alexandra Porter es enfermera registrada e instructora de enfermería en el estado de California. Como enfermera registrada, tiene una credencial de maestra de por vida y un certificado de salud pública de por vida, y enseña todos los niveles de enfermería. Ella tiene una licenciatura en ciencias de enfermería, una maestría en educación y un doctorado en salud y servicios humanos.

Dentro de la experiencia y educación mencionadas anteriormente, ella también es una sanadora celestial con muchos años de experiencia en la aplicación de las leyes de la oración espiritual. Como sanadora celestial, practica la curación Aum Morrar, especializándose en patrones celulares de desarmonía.

Las técnicas de enseñanza que usa en enfermería son las que se usan en sus cursos de curación espiritual. Como sanadora celestial, impartió cursos en varios temas de interés para los buscadores espirituales. Entre las clases que ella enseñaba están: técnicas de meditación de métodos orientales; sistema de chakra del cuerpo y sus funciones; técnicas para contactar los niveles Crísticos del ser interno; sanación a través de la oración; niveles de comunicación con Cristo; niveles en el yo que se comunican con el ser; y fundamentos de curación espiritual. En la actualidad, Alexandra vive en California. Ella es la madre de tres hijos y siete nietos.

En medio de la vida que llevaba la autora, existió una conciencia cuyas visiones idílicas fue su primera forma de comunicación. La interpretación de sus eventos diarios, junto con sus mitos psíquicos, se manifestó durante tales eventos. Sus visiones oníricas desempeñaron un papel único en su vida. Le permitieron visualizar sus mitos psíquicos y proporcionaron el anfiteatro en el cual, en la manifestación de una escena, fue sanada. De esta manera, la fuerza de El Armónico tuvo un tremendo impacto sobre la autora, y su vida se volvió tranquila. De hecho, las historias en este libro provienen de esas relaciones.

A continuación se encuentra la información básica que la autora nos brinda sobre ella. "He sido una sanadora celestial desde que tenia cuatro años. Cuando comencé a entender lo que realmente significaba la curación espiritual, tenía alrededor de catorce años de edad. Según lo entiendo, existe la creencia de que en todo el universo hay una frecuencia electromagnética, que se mueve a la velocidad de la luz, que tiene propiedades curativas. Se ha entendido que las propiedades curativas de las frecuencias electromagnéticas eran el todo universal y, por lo tanto, no podían aislarse".

"He encontrado en mi experiencia, en la profesión médica, una capacidad médica no tradicional para sanar a las personas no por medio de drogas o cirugía, sino mediante una frecuencia de onda energética personal aplicada a la enfermedad. Como sanador celestial, la idea de avanzar hacia el desarrollo de una teoría de paradigma de patrones celulares de desarmonía reveló las propiedades reales de mi frecuencia de curación y mientras tanto descubrí un método, un proceso y una misión específica en la vida".

"La idea de proceder con el primer estudio de curación espiritual se desarrolló a medida que mis pacientes continuaron exhibiendo episodios recurrentes de la misma queja. Los pacientes afirmaban que temporalmente sus enfermedades parecían sanarse. Numerosas visitas a sus médicos no revelaron signos de patología médica. Sin embargo, los pacientes sentían que había un proceso de enfermedad dentro de sus cuerpos. Las enfermedades recurrentes se manifestaban como continuo dolor de cabeza temporal, visión nublada, dificultad para tragar, líquido en el oído, plenitud en el estómago y dolor en la parte superior de la espalda, por mencionar algunos. Durante la fase activa de estas quejas, los médicos de los pacientes no encontraron ninguna razón comprobable para ellos. Por lo tanto, procedieron a prescribir medicamentos para aliviar las quejas".

"Los pacientes que seleccioné para este estudio presentaban episodios recurrentes de quejas específicas, aunque sus cuerpos no presentaban síntomas físicos ni psicológicos de la enfermedad. Estos pacientes aparentemente estaban en desarmonía, pero sus médicos personales no pudieron encontrar ninguna evidencia visible de enfermedad. Aunque los pacientes no pudieron precisar su incomodidad, sintieron que sus vidas no estaban siguiendo un camino recto. Sus quejas eran vagas, pero todos aludían a sentimientos de desarmonía. La tenacidad del paciente para encontrar la razón de su desarmonía produjo un acorde resonante dentro de mí, y en mi intento de aliviar su desarmonía, me hice una pregunta una y otra vez. Esa pregunta fue: ¿Por qué, en ausencia de síntomas físicos y/o psicológicos, la enfermedad continúa prosperando? Para encontrar la respuesta a esta pregunta, inicié la participación en este tipo de experimentación, que ha sido una de mis experiencias más memorables junto con la práctica de la curación celestial".

BIBLIOGRAFIA

1. Shakespeare, William. Macbeth. Act III, Scene IV.
2. Bernard, Claude. Introduction to Experimental Medicine. New York: Henry Schumann, 1949, p. 34.
3. Noah Webster, Webster's New Twentieth Century Dictionary: Unabridged. 2nd ed., (New York: Simon and Schuster, 1964), p. 321.
4. Edward Mann, Vital Energy and Health. (Toronto: Hounslow Press, 1989).
5. Edward Mann, Vital Energy and Health, op. cit., 133.
6. Webster, Webster's New Twentieth Century Dictionary, op. cit., 2024.
7. Webster, Webster's New Twentieth Century Dictionary, op. cit., 2007.
8. Webster, Webster's New Twentieth Century Dictionary, op. cit., 219.
9. Webster, Webster's New Twentieth Century Dictionary, op. cit., 250
10. Webster, Webster's New Twentieth Century Dictionary, op. cit., 1861.
11. Ming-Dao Deng, Scholar Warrior: An Introduction To the Tao In Everyday Life. (San Francisco: Harper Collins, 1990), p. 321.
12. Kaptchuk, The Web That Has No Weaver
13. Daisetz Teitaro Suzuki, An Introduction to Zen Buddhism. 1st ed., (New York: Grove Weiddenfeld, 1964). p. 321.
14. Webster, Webster's New Twentieth Century Dictionary, op. cit., 236.

15. Helena P. Blavatsky, The Secret Doctrine. (London: The Theosophical Publishing House, 1888).
16. Blavatsky, Helena P. The Secret Doctrine, London: The Theosophical Publishing House, 1888.
17. Chin, The Energy Within.
18. Webster, Webster's New Twentieth Century Dictionary, op. cit., 101.
19. Richard McKeon, Introduction to Aristotle. (New York: Random House, 1947), 188-190.
20. Edmund Taylor Whittaker, A History of the Theories of Aether and Electricity. Vol. 1, (New York: Harper, 1960), p. 2.
21. Robert Maynard Hutchins, Ed., On the Revolution of the Heavenly Spheres, Trans. Charles Glenn Wallis, In Great Books of the Western World. Vol. 16, (Chicago, IL: Encyclopedia Britannica, 1952), Bk. I-IV.
22. Whittaker, A History of the Theories of Aether and Electricity. op. cit..
23. Whittaker, A History of the Theories of Aether and Electricity. op. cit., 34.
24. Gary Zukav, The Dancing Wu Li Masters: An Overview Of the New Physics. (New York: William Morrow, 1979), p. 50.
25. Robert Maynard Hutchins, Ed., Kepler, Epitome of Copernican Astronomy, Trans. H. A. J. Munro, In Great Books of the Western World. Vol. 12, (Chicago, IL: Encyclopedia Britannica, 1952), Bk. IV-V.
26. Whittaker, A History of the Theories of Aether and Electricity, op. cit., 5-9.
27. Zukav, The Dancing Wu Li Masters, op. cit., 50.
28. Whittaker, A History of the Theories of Aether and Electricity, op. cit., 17-22.
29. T. Birch, History of the Royal Society of London. Vol. III, 247.
30. Alan A. Nourse, Universe. Earth, and Atom: The Story of Physics. (New York: Harper and Row, 1969).

31. Whittaker, A History of the Theories of Aether and Electricity. op. cit., 22-23.
32. Whittaker, A History of the Theories of Aether and Electricity. op. cit., 81-84.
33. Whittaker, A History of the Theories of Aether and Electricity. op. cit., 319.
34. Francis E. Dart, Electricity and Electromagnetic Fields. (Columbus, Ohio: Charles E. Men-ill Books, 1966), p. 66.
35. Michael Faraday, Experimental Researches in Electricity. (New York: Dover Publication, 1965).
36. Nourse, Universe. Earth, and Atom. op. cit., 201.
37. Whittaker, A History of the Theories of Aether and Electricity, op. cit., 240-281.
38. Whittaker, A History of the Theories of Aether and Electricity, Ibid.
39. Von Reichenbach, C. Physico-physiological Researches On the Dynamics of Magnetism. Electricity. Heat. Light. Crystallization and Chemism. In Their Relation To Vital Force. (New York: Clinton-Hall, 1851).
40. Whittaker, A History of the Theories of Aether and Electricity, op. cit., 319-330.
41. Whittaker, A History of the Theories of Aether and Electricity, Ibid.
42. Nourse, Universe. Earth, and Atom. op. cit., 5-6.
43. Whittaker, A History of the Theories of Aether and Electricity, op. cit., 390-407.
44. Zukav, The Dancing Wu Li Masters, op. cit., 76.
45. Zukav, The Dancing Wu Li Masters, op. cit., 79.
46. Albert Einstein, The Evolution of Physics: The Growth of Ideas From Early Concepts to Relativity and Quanta. (New York: Simon and Schuster, 1938), p. 120.
47. Lewis, Rosicrucian Manual, op. Cit..

48. H. Spencer Lewis, Rosicrucian Manual. Vol. 8, 27th ed., (San Jose, CA: Supreme Grand Lodge of AMORC. 1979), p. 190.
49. Lewis, Rosicrucian Manual, op. cit., 190.
50. Blavatsky, The Secret Doctrine, op. cit., XX.
51. Blavatsky, The Secret Doctrine, op. cit., 40.
52. Blavatsky, The Secret Doctrine, op. cit., XV.
53. Lucretius, Nature of Things, bk. VII, p. 13 (988).
54. Lucretius, Nature of Things, bk. V, p. 68 (509).
55. Lucretius, Nature of Things, bk. VII, p. 13 (988).
56. Thoreau, David. 1817 – 1862. Poem entitled Inspiration, circa 1841.
57. Heindel, Max. The Rosicrucian Philosophy in Questions and Answers, Vol. II, The Rosicrucian Fellowship, Oceanside, CA, p. 145.
58. ibid
59. Heindel, Max. The Rosicrucian Philosophy in Questions and Answers, Vol. II. The Rosicrucian Fellowship, Oceanside, CA, p. 252.
60. Heindel, Max. Freemasonry and Catholicism. The Rosicrucian Fellowship, Oceanside, CA. p. 53.
61. Heindel, Max. The Rosicrucian Philosophy in Questions and Answers, Vol. II, The Rosicrucian Fellowship, Oceanside, CA, p. 145.
62. Max Heindel, Rosicrucian Philosophy in Questions and Answers, Vol. II, The Rosicrucian Fellowship, Oceanside, CA, p. 145.

www.ingramcontent.com/pod-product-compliance
Lightning Source LLC
Chambersburg PA
CBHW050726010526
44107CB00009B/756